幼儿教师临场应变技巧60例

冯伟群◎著

中国轻工业出版社

图书在版编目（CIP）数据

幼儿教师临场应变技巧60例/冯伟群著．—北京：
中国轻工业出版社，2013.1（2024.1重印）
ISBN 978-7-5019-9047-4

Ⅰ.①幼… Ⅱ.①冯… Ⅲ.①幼教人员-教学法 Ⅳ.①G615

中国版本图书馆CIP数据核字（2012）第246925号

保留所有权利。非经中国轻工业出版社"万千教育"书面授权，任何人不得以任何方式（包括但不限于电子、机械、手工或其他尚未被发明或应用的技术手段）复印、拍照、扫描、录音、朗读、存储、发表本书中任何部分或本书全部内容，以及其他附带的所有资料（包括但不限于光盘、音频、视频等）。中国轻工业出版社"万千教育"未授权任何机构提供源自本书内容的电子文件阅览、收听或下载服务。如有此类非法行为，查实必究。

责任编辑：吴　红　　　责任终审：腾炎福
策划编辑：高　君　　　责任校对：刘志颖　　　责任监印：吴维斌

出版发行：中国轻工业出版社（北京鲁谷东街5号，邮编：100040）
印　　刷：三河市鑫金马印装有限公司
经　　销：各地新华书店
版　　次：2024年1月第1版第12次印刷
开　　本：710×1000　1/16　印张：12.5
字　　数：106千字
印　　数：40001—42000
书　　号：ISBN 978-7-5019-9047-4　　定价：25.00元

读者热线：010-65181109
发行电话：010-85119832　　010-85119912
网　　址：http://www.chlip.com.cn　　http://www.wqedu.com
电子信箱：1012305542@qq.com

如发现图书残缺请拨打读者热线联系调换
232084Y1C112ZBW

推 荐 序

❋ ❋ ❋

我翻阅了杭州市人民政府机关幼儿园冯伟群老师撰写的《幼儿教师临场应变技巧60例》一书，感到这是一本来自教育一线且能被用于教育一线的好书，是一位做了13年幼儿园教师，又当了13年幼儿园业务副园长的有智慧的教师对自己教育经验的总结和提炼。

有言道：教学有法，教无定法。这句话说的是，一个好教师面对教育现场的情景性和不确定性，既能以科学的态度和方法处理，又能以艺术的感悟和方式应对，这就是人们所谓的"教育智慧"。"教育智慧"不是专家们从理论中演绎出来的，而是教师们在实践中建构起来的。

冯伟群老师所谓的"幼儿教师临场应变技巧"，并非只是一些具体的策略和方法，而是一些经过提炼和升华的经验及其背后的理念。要在教育现场能够自如应变，能够灵活选择、运用对幼儿产生积极影响的教育策略和教育手段，能够因人而变、因事而变、因地而变，能够以"不变"（理念不变）和"变"（策略和方法）应对万变，这就是通常意义上所谓的教师的教育智慧。

在幼儿一日活动的过程中，随时会发生意想不到的事情。对

于这些事情或事件的发生，教师临场应变与把握的能力体现了教师专业素养的水平。教师专业水平的提升，包括方方面面的内容，而教师应对与把握临场变化的能力是其中最难提升的一个方面。

《幼儿教师临场应变技巧60例》一书，以案例的形式展现了教师的教育实践，以"情景再现"、"临场应变"和"温馨提示"三部分构成，书的内容包括集体教学、区域游戏活动、生活环节、大型活动以及家园人际关系等。这些案例都是教师在工作中时常会遇到的事情或事件，涉及面甚广，生动鲜活，让人在阅读中能清晰地看到和想到教育现场的情景，看到和想到作者在其所展现的教育现场中的所思、所为；让人在阅读中能通过"温馨提示"部分，看到作者对案例进行的剖析，以及在剖析中所突现的案例的要点和可被借鉴的部分。

通过《幼儿教师临场应变技巧60例》一书，我似乎看到了更多的东西，包括作者对幼儿的爱与关怀、对幼儿主体的尊重、对幼儿兴趣和需要积极而有效的回应、对幼儿经验和体验的理解以及对教师和家长角色的认识等。所有这一切，都是笔者所谓的"临场应变技巧"背后的"灵魂"。

在幼儿园教师专业化得到教育界广泛关注的背景下，《幼儿教师临场应变技巧60例》的出版是一件十分有意义的事情。

朱家雄
2012年10月

前　言

❋　❋　❋

　　记得26年前的那个9月，18岁的我走上幼教工作岗位，面对的不仅是孩子们的天真可爱，还有他们的顽皮、捣蛋、哭闹、不愿吃饭、不愿睡觉……那是一群刚满3岁的新入园的孩子。那些日子，我的身边几乎被哭闹的孩子所包围，常常是左右膝盖上各坐着一个，脖子上挂着一个，有时后背还贴着一个……一天，我抱着的一个孩子因为哭得厉害突然开始呕吐，泛着酸臭味的呕吐物瞬间落在我的衣襟上。我"哎呀"大叫了一声，"这可是我今天刚上身的新衣服呀！"抱着的那个孩子却不哭了，瞪着无助的大眼睛，似乎被我的"哎呀"给吓着了……我见状立马微笑着对孩子说："你看，冯老师的衣服脏了，要去清洗一下。你在这里等着我，好吗？"孩子突然间似乎变得懂事了，他点点头，乖乖地待在那边等着我。

　　这是我成为一名幼儿教师后遇到的第一个突发事件。虽然没有学过临场应变的技巧，但我本能的反应是千万别吓到孩子，他也是不小心吐出来的……

　　在以后的教师生涯中，我不止一次地遇到突发事件，在临场应变中，也并不是每一次都能顺利地度过。开始时，我亦不

能理解这些突发事件的因果,只是凭感觉去临场应变。这样的应变难免会产生这样的结果,即自己的主观意愿多于对幼儿的理解和对现场的关注,或者说有一些急功近利。随着年龄与阅历的增长,渐渐地,我对孩子的了解深入了,对孩子成长的期望变得宽容,有了许多耐心的等待,当再遇到突发事件时,心变得从容而淡定。

本书用于帮助那些新入职或经验不足的幼儿教师。书中提出的临场应变实用方法以及理念,涵盖幼儿一日生活的方方面面。虽然不一定面面俱到,但很多事件的应变方式是相通的,可以互相借鉴。

我的感悟是,无论是在哪种场景下的突发性事件,教师在临场应变中都要做到:

心中有孩子。做到心中有孩子,就必须尊重孩子的思想、个性,了解孩子的个体差异。我们面对的每一个孩子都是一个独立的个体,有的孩子活泼好动,有的则斯文安静;有的孩子充满好奇心,有的则对环境的变化漠不关心;有的孩子情绪稳定,有的则易变易闹;有的孩子主动性、积极性强,有的则依赖性强……面对这样一群性格各异的孩子,我们只有深刻地了解他们,才能做到心中有孩子。只有心中有孩子,临场应变才能尊重孩子,从孩子的角度解决问题。

理解孩子的突发奇想。很多时候,意想不到的事件来源于孩子的突发奇想。突发奇想是创造的源泉,是使孩子成长的动力,需要教师小心呵护,千万不能运用简单而粗暴的方式否定和扼杀了它。比如,在话题"当幼儿生成新的角色游戏主题时"中,当发现幼儿突发奇想生成了新游戏时,我通过"认同孩子的新游戏"、运用"延迟满足"的方式支持孩子的游戏,帮助他们接受新的挑战。

剖析孩子的问题行为。由孩子的问题行为引发的突发事件屡见不鲜。问题行为会扰乱教学秩序，妨碍同伴游戏，甚至出现更为严重的状况。这些问题行为的外在表现可能一样，但背后的原因是各不相同的，教师要了解问题的原因。比如：有些孩子是由于缺乏社会交往技巧，有些孩子则因为内心的情绪不安或焦虑，还有些孩子是想引起他人的注意，等等。原因不同，运用的策略也不相同。教师只有深入了解问题的原因，才能准确地判断，有效地引导与矫正。

关心孩子的不适宜表现。在幼儿园的集体生活中，孩子由于年龄小，经常会出现一些不适宜行为。这些行为表现在生活中，如挑食、不吃饭、不爱喝水、"偷"别人的东西等；表现在游戏中，如对游戏产生厌倦情绪、不与其他孩子合作等。当孩子出现这些不适宜行为时，教师的爱与关怀至关重要。教师的爱与关怀体现在尊重幼儿的需求上。比如，当孩子打翻饭菜时，教师发现孩子打翻饭菜是借口，不想吃饭是真相，然后以假当真，宽容对待幼儿的真实诉求，在亦真亦假、有的放矢的关怀中帮助幼儿度过不适。无论是哪一种应变的方式，都是建立在教师的爱心之上，有了爱心，便有了宽容心、同理心，才能将关怀变成举手投足的习惯。

等待孩子的成长。等待是一件漫长而需要耐心的事情。尤其教师面对的是一群孩子，而孩子间又存在着个体差异，如有的孩子进步很快，有的孩子则成长较慢。这就需要教师用耐心和智慧去捕捉孩子一点一滴的变化。书中，当优柔寡断的孩子面对一次次选择而无从下手时，教师需要耐心地帮助和等待，推动他们自我选择能力的提高。

此外，本书涉及不少家园沟通的话题。因为幼儿教师面对的群体不仅有幼儿，还有顾虑和担心颇多的幼儿家长。因此，我们常说，新手教师最难做的工作不是带班，而是与家长的沟通。所以，本书用了比较多的篇幅阐述家园人际沟通的技巧，即目标一致、真诚沟通、理解认同、尊重差异等。教师只要把握"一切为了孩子"这一宗旨，与家长的沟通就会少一些障碍，多一些理解。在应对这一类突发事件时，教师要摆正自己的位置，既不能成为家长的指挥者，又不能被家长无原则地指挥，尤其是在应对家长的愤怒情绪时，教师强调与家长平等、信任的关系才能有助于处理事件。还有一点也很重要，即教师就事论事地谈论当下的问题能更为有效地做好应变工作。

书中还有少许与园长、同事的人际沟通话题，所占篇幅不多，但也是教师在日常工作中经常遇到的。无论是什么情况，换位思考、主动沟通、宽容对待、自我约束都是人际沟通永久不变的法则。

最后，需要强调的是：幼儿教师所面临的是复杂变化的场景，对所发生事件的调控与把握是教师职业价值观与职业情怀的折射。一个深怀爱的教师，其所教育的孩子的内心也一定是充满着爱的。

冯伟群

2012年10月

目 录

第一章 集体教学活动中的临场应变技巧 / 1

1. 顺应与推动——当幼儿的兴趣与预设的活动不匹配时……………2
2. 等待与引导——当幼儿对材料的关注高于活动本身时……………5
3. 尊重与适宜回应——当幼儿的回答与问题缺乏相关时……………8
4. 榜样示范与降低难度——当幼儿参与活动缺乏信心时……………12
5. 提问与调位——当幼儿上课时聊得比教师还起劲时……………16
6. 保护与启发——当集体教学中有"超常"的幼儿时……………19
7. 观察与推动——当遇到"唱反调"的幼儿时……………21
8. 表扬与明确——当幼儿的作品与教师要求不一致时……………25
9. 鼓励与探究——当幼儿的科学实验操作失败时……………27
10. 随机生成——当活动突然受到外界干扰时……………31
11. 借助周围材料——当幼儿不能突破教学难点时……………33

第二章 个别化活动中的临场应变技巧 / 37

12. 丰富和深化——当幼儿的活动兴趣点易转移时……………38
13. 探索与解读——当幼儿不理解材料的设计意图时……………41
14. 拆分与渐进——当幼儿在操作活动中缺乏毅力选择放弃时……………44

15. 观望与规定——当某一个活动区人数太多时……………………46
16. 淡化矛盾与强化认识——当幼儿故意破坏时…………………48
17. 引导与放手——当幼儿只关注某一个游戏区时………………52
18. 理解与启蒙——当自然角中的小动物突然死亡时……………55
19. 创新与完善——当幼儿厌倦游戏的玩法时……………………57
20. 制止与自护——当体育游戏中幼儿做一些危险的尝试时……59
21. 转移与轮流——当幼儿相互争抢玩具时………………………62
22. 了解与移情——当幼儿干扰同伴的游戏时……………………65
23. 倾听与帮助——当幼儿被同伴拒绝时…………………………67
24. 沟通与陪伴——当幼儿游离在游戏之外（独自游戏）时……70
25. 认可与支持——当幼儿生成新的角色游戏主题时……………72
26. 协助选择——当幼儿出现选择性困难时………………………75
27. 平静与移情——当幼儿说脏话时………………………………77

第三章 生活活动中的临场应变技巧／81

28. 寻找与安抚——当刚入园的幼儿试图逃园时…………………82
29. 宽容与引导——当幼儿打翻饭菜时……………………………86
30. 示范与说服——当幼儿不爱喝水时……………………………90
31. 挖掘与开发——当幼儿因天冷不愿意洗手或者洗手爱玩水时…93
32. 保护与引导——当幼儿"偷"别人东西时………………………96
33. 让食物"投其所好"——当幼儿挑食时………………………100
34. 接纳与信任——当幼儿午睡说话时……………………………103
35. 宽容与保护隐私——当幼儿午睡尿床时………………………107
36. 机警与确认——当有陌生人来接幼儿时………………………109
37. 安顿与寻找——当发现有幼儿丢失时…………………………112
38. 给幼儿布置任务——当幼儿离园格外兴奋时…………………115

目 录

第四章 大型活动中的临场应变技巧 / 119

39. 换位与排除后顾之忧——当家长不同意幼儿外出时……………120
40. 急治与安慰——当幼儿误吃东西进食管时………………………123
41. 控制现场与安抚家长——当幼儿意外受伤时……………………126
42. 冷静与自救——当车辆发生交通意外时…………………………131
43. 理解与尊重——当幼儿突然不愿意上台表演时…………………133

第五章 人际沟通中的临场应变技巧 / 139

44. 公正与委婉——当家长要求给孩子安排重要角色时……………140
45. 体谅与沟通——当家长送孩子入园后不愿意离去时……………143
46. 转移注意力——当幼儿离园家长急于和教师交谈时……………146
47. 协商与引发——当家长寻求教育帮助时…………………………149
48. 分离与了解——当家长彼此间因误会发生争吵时………………152
49. 用事实说话——当家长对教师的教育指手画脚时………………155
50. 聚焦与理解——当家园的教育观念不一致时……………………157
51. 真切与亲历——当家长不理解教育活动时………………………160
52. 婉拒与回礼——当家长向教师赠送礼物时………………………163
53. 制止与疏导——当家长粗暴地对待孩子时………………………166
54. 沟通与弥补——当不认同搭班教师的行为时……………………169
55. 倾听与化解——当家长要向园长投诉搭班教师时………………172
56. 克制与寻求帮助——当同事因为误会谩骂不止时………………175
57. 私下沟通——当不赞同领导的决定与领导发生冲突时…………178
58. 主动沟通——当领导交办的工作不能完成时……………………180
59. 婉转解释与消除误会——当领导不信任自己时…………………182
60. 分工与提醒——当搭班的同事逃避自己的工作时………………184

第一章

集体教学活动中的临场应变技巧

孩子们安静地坐在教室里听老师讲故事。突然，一只小鸟飞了进来，扑棱着翅膀……教室里一下子喧闹起来：有的孩子抱着头，有的孩子发出尖叫声，有的孩子从座位上一跃而起试图去抓住小鸟……此时，教师该怎么办？是继续讲故事，还是把小鸟赶出教室？抑或让孩子趁机好好地观察一下小鸟……

教育就隐藏在生活中的这些偶发事件中。预设的教学活动固然重要，但如果孩子们的兴趣已经转移、不在教师的预设中了，教师不如顺应孩子的兴趣，开展相应的活动！本章的11个临场应变技巧让教师在面对集体教学中的种种突发事件时，有一定的心理准备和相应的支持策略。

幼儿教师临场应变技巧60例

1. 顺应与推动
——当幼儿的兴趣与预设的活动不匹配时

情景再现

这段时间，玩陀螺成为最受孩子们欢迎的游戏。区域活动时间到了，他们三五成群地或围坐、或跪趴在地板上，神情专注地观察着谁的陀螺转动得快，谁的陀螺转的时间长，而对于集合的小铃声无动于衷。我喊了老半天，他们才磨磨蹭蹭、依依不舍地回到自己的座位上。坐到座位上，他们还在不停地交头接耳。看得出来，他们意犹未尽、余兴未了呢。接下来，如果按照既定计划给孩子们上语言活动，孩子们会有兴趣吗？我应该怎么办呢？

临场应变

虽然，我对教学活动进行了精心的准备，但孩子们的兴趣似乎并不会跟着我的预设而来，他们关注的是自己感兴趣的内容。因此，还不如遵从孩子们的情绪状态，因势利导就陀螺生成一个活动，让他们玩个痛快并且玩出些花样来。于是，在接下来的活动时间里，我组织孩子们进行了陀螺PK赛，让陀螺飞速地转动起来，看谁能转得最久。孩子们的兴趣立刻被调动起来，大家都开始积极尝试让陀螺飞速转动的方法。强强大声地欢呼："快看，快看！我的陀螺转得最快！"一旁的成成也自豪地表示："我的陀螺转得时间最长，看，还没停下来呢！"……孩子们你一言我一语，气氛非常热烈。顺应孩子们的兴趣点，我接着抛出问题："为什么有的陀螺转动的时间长，而有的陀螺转动的时间短呢？""你是用什么方法让陀螺转动得时间久呢？"

通过这两个问题，我进一步引导孩子思考和探索。最终，在这样不断地尝试、思考、探索中，孩子们不仅找出了能让陀螺转动得持久的方法，还粗略地懂得了摩擦力的作用。

温馨提示

在教育活动中，教师经常会遇到这样的情况：当按原计划组织幼儿进行活动时，却发现幼儿正沉迷于某种他们喜爱、感兴趣的活动，即原定计划与幼儿的兴趣发生冲突。这时，教师应该怎么办呢？

（1）**以"顺应"的方式保持幼儿的兴趣**。当教师的教学与幼儿的兴趣发生冲突时，强行地将幼儿的思维拉到教师的思路上，教学效果一定会受到很大的影响。如果此时教师能及时地调整教学内容，顺应幼儿的兴趣和需要，生成与幼儿的兴趣点有关的活动，用自己的智慧和创造性工作激发每个幼儿的潜力，教学效果就不可同日而语了。

（2）**以参与者的身份支持幼儿活动**。当教师发现幼儿的兴趣与需求时，应以参与者的身份让自己去适应幼儿。上述活动中，我通过扮演"裁判"这一角色参与幼儿的活动，并引导幼儿共同制定游戏规则，促使比赛顺利、有序地进行，从而达到师幼互动的良好效果。因为幼儿更喜欢教师作为伙伴来参与他们的活动，因此当教师以平等的身份、平行介入的方式与幼儿共同活动时，既营造了宽松和谐的活动氛围，又让孩子有了自主权，师生共享

活动的快乐。所以，教师应在充分捕捉、剖析幼儿游戏的基础上，给活动以快乐发展的支点，这个支点就是适时适度的支持、帮助与鼓励。教师应以"快乐"为根本，以不干扰幼儿自主活动为准则，以"伙伴"的身份参与游戏，使幼儿能排除困难朝着更快乐的方向发展。教师要使自己真正成为孩子学习的支持者、合作者和引导者。

（3）*关注寻常时刻，推动幼儿的兴趣向深层次发展*。当幼儿对活动的兴趣随着时间的推移而逐渐减弱时，教师应适时挖掘活动的潜在内容，以便重新激起幼儿对活动的兴趣。这样的指导策略应该建立在教师及时观察幼儿活动、了解幼儿需求的基础上。教师要善于根据幼儿在活动中表现出来的兴趣需要，将幼儿想知道和需要解决的问题，及时地纳入到活动中来，并有选择地改变一些活动主题或适时地延伸、扩展出新的主题。这种师生互动的过程，就好比教师和幼儿之间在传递一只球，幼儿在活动中的反应好比将一只球抛给了教师，教师根据幼儿的反应来改变环境，或增加材料，或提供经验，这就好比将球又抛给幼儿。通过球的不断传递，活动得以深入，幼儿能力得以发展。

（4）*要把幼儿的发展目标熟记于心*。幼儿的发展目标是重要的，教师应始终清晰地把它们牢记在自己的头脑中。没有目标，教师就无法判断幼儿感兴趣的事到底有没有价值，是否可以将其作为学习内容纳入到课程中。

2. 等待与引导
——当幼儿对材料的关注高于活动本身时

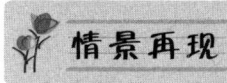

这天是科学活动"有趣的泡泡",我特意为孩子们准备了各种形状的吹泡泡工具,有爱心形的、长方形的、圆形的、三角形的、五角星形的。为了能一下子吸引孩子的兴趣,我还用颜料将这些工具涂成了五颜六色,并且在杆柄上画满了各种有趣的图案。活动一开始,孩子们就被这些可爱、有趣的工具吸引了。"孩子们,今天我们来玩吹泡泡的游戏!先来告诉我这些吹泡泡的工具是什么形状的?"可是孩子们都在相互展示自己所持的吹泡泡工具柄上的图案,没空搭理我。

"我的杆子上有小太阳!"

"我的上面有小星星!"

"你们看我的杆子上还有小花呢!"

"你们的都没有我的好看,我的还是粉红色的呢,是'巴拉巴拉魔仙棒'!"

……

我又追问了一遍,还是没有人回答我的问题。

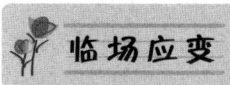

糟糕,孩子们的注意力都被吹泡泡工具柄吸引了。我原本想

让小班孩子的操作材料有趣一些以便幼儿能全身心地投入活动，没想到起了反作用，干扰了孩子们的注意力。是否需要调整预设的教学环节呢？在仔细倾听他们的对话之后，我决定给他们时间和机会充分地观察吹泡泡工具、表达他们的发现，满足他们探索的兴趣。于是，我换了个提问："我看见你们手上的吹泡泡工具都特别漂亮，谁愿意说说自己的工具漂亮在哪里？"这下，孩子们来劲了，纷纷抢着回答。七嘴八舌之后，我再转入刚才的问题："这么漂亮的吹泡泡工具，猜猜用它们会吹出什么形状的泡泡呢？"

"我的能吹出五角星形的泡泡！"

"为什么呀？"

"因为我吹泡泡的工具是五角星形的！"

"我的是长方形的！"

"我的是爱心形的！"

"我的是圆形的！"

"那就让我们来试一试吧，看看用这些工具究竟能吹出怎样的泡泡来！"

孩子们听到我的要求后，开始高兴地吹起泡泡来。

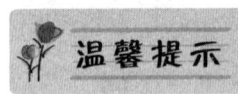

上述内容中，幼儿对操作材料的关注度高于活动本身，其原因主要是我为孩子们提供的操作材料过于花哨。我的本意是想通过材料来吸引小班孩子的注意力，调动他们活动的兴趣，但没想到过于花哨的材料反倒使幼儿失去对活动本身的关注。

在遇到类似问题时，教师应及时调整教学过程，先顺应幼儿再切入主题。小班幼儿的年龄小，有意注意的时间短，注意力容易受到新奇事物的吸引而分散。当孩子们对材料的关注度高于活动本身时，教师不妨耐下性子，先顺应幼儿的兴趣，让幼儿充分地摆弄材料，让他们在摆弄材料的过程中发现材料的特点，这也是一个发现未知的过程。幼儿的学习应该是主动的、积极的。当幼儿对材料充分地了解后，教师因势利导切入主题，效果会更好。

为了避免类似的情况发生，教师应该怎样做呢？

(1) **活动前明确要求，让幼儿带着任务参与活动**。对于中、大班的幼儿来说，逐步建立任务意识是幼儿良好的学习品质之一。为了防止幼儿分散注意力，在教学活动前，教师可以先给幼儿"布置任务"，让幼儿带着"任务"去游戏。比如在上述活动中，教师可以事先给幼儿布置一个比赛任务："看谁用泡泡工具吹的泡泡最多"。与此同时，布置这个"任务"时，语言还应该简洁、明了，便于幼儿理解。

(2) **为幼儿选择适宜的材料**。当幼儿的兴趣只停留在材料上时，说明材料的适宜性欠缺。具有适宜性的材料既暗含着有价值的教育内容，又能引起幼儿的探究动机和兴趣。幼儿能根据自己的需要和兴趣选择材料是幼儿主动学习的重要前提和基本条件。适宜的材料能激发幼儿的操作、探究欲望，而过于花哨的材料则会阻碍活动的开展。因此，教师在投放材料时应注意以下几点：

- 根据活动目标来投放材料，材料既要有趣，又要尽量减少目标以外的干扰。
- 材料的种类和数量要适宜。材料的多样性的确为幼儿提供了更多的探索机会和空间。但在一个教学活动中，材料投放过多或过少、更换过于频繁，都容易干扰幼儿正

常的教学活动。根据幼儿的年龄特点，在为小班幼儿投放材料时，教师应注意材料的种类不宜太多，但数量一定要充足，即同一种材料提供多件；到了中班，随着幼儿年龄的增长，投放的材料的种类可以逐渐丰富起来，同种材料的数量可以减少，让中班幼儿逐渐学会分享和合作。等到了大班，材料的种类应更为多样，并且还可以提供一些半成品材料，让幼儿自主建构。

- 材料要结合幼儿的发展水平，突出层次性。首先，教师要根据幼儿的发展目标，由浅入深、由易到难进行投放，从而激发幼儿的探究兴趣。其次，教师要根据班级幼儿的不同发展水平，提供难易程度不同的操作材料，满足能力不同的幼儿的不同需求，使班级的所有幼儿都得到发展。

总之，适宜的活动材料能激发幼儿操作的最大兴趣，让幼儿在与材料的互动中得到真正的发展，获得成功的体验。

3. 尊重与适宜回应
——当幼儿的回答与问题缺乏相关时

绘本活动"害羞的小哈利"开展到最后一个环节时，我问幼儿："小哈利虽然害羞，可他身上有许多优点，所以大家一样很喜欢他。那你们谁愿意来讲讲自己的优点呢？"雯雯最积极，第一个举手:"我会帮妈妈做事情!"宁宁也不甘示弱:"我上课认真听讲!""我爱动脑筋!""我从不跟同伴们吵架。""我爱帮助别人!""我会关心爷爷奶奶!"……大家你一言我一语,说得十分热闹。这时,平时最调皮的成成举手了。我说:"我们现在请成成来说说自己的优点吧!""老师,我没优点,我有很多缺点!我贪吃、我很胖……"成成的这一回答引起了哄堂大笑。

临场应变

我请大家讲讲自己的优点,成成却讲起了自己的缺点。他应该听清楚了我的问题,之所以答非所问,可能是因为他对自我的负面认知较多,或者是故意捣蛋。我望着乱成一团的孩子们,决定先安抚好大家,再了解成成的想法。于是,我对孩子们说:"孩子们,我有一个秘密,你们想知道吗?"孩子们一听是秘密,来劲了,几个反应快的孩子马上问:"什么秘密?"我说:"秘密当然要等你们安静下来我轻轻说的喽。"孩子们果然都不做声了,全睁着亮晶晶的眼睛看着我。我说:"这个秘密就是,我发现了成成的一个优点——诚实。成成是一个诚实的孩子,他愿意把自己的缺点告诉大家,这就是一个很好的优点。"我又问:"那成成还有什么优点呢?你们发现了吗?""爱劳动"、"运动好"……孩子们七嘴八舌地议论开了。"原来,成成并不像他自己所说的,都是缺点,他也有很多优点。成成,小朋友们帮你找了几个优点?"成成说:"4个。""哇,真多!咦,那么刚才我们看完小哈利的故事时,老师问了大家一个什么问题?"成成愣了一下,连忙说:"讲讲自己的优点。""对了。以后在上课的时候,要听清楚老师的问题再回答哦。"

温馨提示

在教学活动中，当幼儿的表达背离了问题原意时，有的教师或避而不答，或置之不理，或干脆提醒幼儿"听清楚老师的提问，我是请你讲优点，不是讲缺点"以扭转局面，将孩子拉回到预设的思路上。其结果要么伤害幼儿的自尊心，要么打断了正常的课堂教学秩序。

不过，上述活动中当幼儿爆出"冷门"、答非所问时，我并没有那么做，而是坚持"以幼儿发展为本"的教育理念，从幼儿的回答中寻找积极的教育因素，让幼儿感受到被尊重和肯定的快乐，同时让教学回到积极的状态。在遇到类似问题时，我们教师要学会妥善处理，以提高教学的有效性。

(1) "以幼儿发展为本"，尊重和保护幼儿的回答。要化解教学现场幼儿答非所问的尴尬境地，教师就要跳出固定答案的束缚，让幼儿从自己的视角充分表达自己个性化的感受和想法，还幼儿叙说独特见解的权利。教师不仅要让幼儿说话，还要让幼儿敢于说话，敢于说真话、说实话，并且在幼儿说完话后，不给予否定的回应。换个角度去思考问题、换种方式与幼儿沟通，这需要教师有"临阵不乱"的教育机智，更需要教师树立科学的教育观和正确的儿童观，在尊重幼儿的基础上实现有效回应，推动幼儿健康地发展。

(2) 理解幼儿的内心世界，帮助幼儿在错误中主动成长。在教学中遇到类似问题时，教师应对幼儿的问题进行迅速"解读"，分析了解幼儿的内心世界，寻找幼儿回答中的积极因素，顺着幼儿的"思路"加以引导，这种基于倾听的互动将有助于活动较自

第一章 集体教学活动中的临场应变技巧

然地进入到"下一步"。这不仅能激发幼儿的积极性,而且会使整个活动流畅自然。遗憾的是,某些教师往往迫不及待地将所谓的答案直接传递给幼儿,错过了幼儿从错误中主动学习的机会。

有时候,"忽略"也是教学的技巧之一。如果幼儿是故意而为之,教师巧妙地岔开话题,有助于教学活动的顺利开展。教学活动时间有限,遇到这样、那样的问题时,如果教师都打断教学来进行处理,那么可能会无法完成目标,也浪费了大多数孩子的时间。

(3) **提高自己的适宜回应能力,提高教学活动的有效性。** 教师的回应是否适宜是教学活动是否高质高效的重要评价依据,而回应是否适宜取决于教师的能力和技巧,这就需要教师在活动前做足功夫、吃透教材、明确目标,真正关注幼儿的发展需要,把握集体教学活动的价值。为此,教师应该站在幼儿的角度,设身处地地考虑他们的经验背景、情感体验、思维方式、兴趣爱好,了解他们认识的局限性,设想幼儿在问题情境下可能会怎么想、怎么说、怎么做,会有何种情绪状态,并设想多角度、多层次的应对策略,全面储备科学的、积极的、有价值的应对语言或调整措施,形成"弹性"方案,为有效回应提供全方位的支持。

回应能力的提高不是一朝一夕的事,需要教师在实践中反复锤炼,不断积累。这就要求教师把功夫放在平时,善于建立和谐、平等的师幼关系;了解幼儿的经验和能力,关注幼儿的兴趣和需要;重视幼儿的言行,不要敷衍幼儿;注重每一次实践活动,在活动中注意倾听,及时反思;关注自身的语言功底,追求语言的规范性、逻辑性、启发性、形象性等。

4. 榜样示范与降低难度
——当幼儿参与活动缺乏信心时

情景再现

在一次体育活动"快乐的小勇士"中,我让孩子们通过爬草地(地垫)、钻山洞(拱形门)、越小山(鞍马)来进行活动。关于爬、钻的技能,孩子们已经掌握得很好了;最后跳马的技能有一定的难度,因此有个别幼儿需要老师帮助完成动作。我将孩子们分成两队依次练习。前面几个孩子都没有跳过,有的坐在了跳马上,有的是连滚带爬地摔过去的。轮到萱萱了,她跑到跳马前,停住了,一个劲儿地说:"我不会跳!我跳不过去的!我害怕!"

临场应变

萱萱是一个内向胆小的孩子,不太喜欢体育活动,遇到一些有难度的体育运动,会产生畏难情绪。"跳马"是孩子们新接触的一项运动项目,有一定的难度,动作要领较难掌握。这样的运动项目对于胆小的萱萱来说,的确是一个很大的挑战。让她放弃不跳也可以,但她以后遇到困难的时候,可能都会缺乏自信心,进而放弃、不敢尝试。于是,我决定让萱萱试一试。我走到萱萱身边,亲切地问道:"萱萱,怎么啦?遇到困难了?"萱萱差点要哭了:"我不会跳,我害怕,我肯定跳不过去的!"看萱萱执意不参加,我并没有马上提出下一步要求,而是带她到练得好的同伴那里观看。一个又一个小勇士成功地跳过了，就连个头最小的小雨在老师的帮助下也成功了，大家欢呼雀跃。一旁的萱萱看得可认真了，还跟着小伙伴一起欢呼呢！我对萱萱说："萱萱，小伙伴们棒吗？"

"太棒了！"萱萱马上回答。"你也可以和他们一样很棒哦！说不定比他们还棒呢！""真的吗？我跳不过的！""当然不会，不试过你怎么知道呢？来，我们试一试吧！老师会帮助你的，一定没问题！"我还鼓动其他孩子一起帮萱萱加油。

在大家的鼓励下，萱萱愿意试一试。于是，我把"跳马"高度放低了一格："你先试试这个小马，一定能跳过的，老师站在边上，你跑过来时，我会保护你的。"我在跳马边上等着萱萱，让她建立充分的安全感。萱萱有了自信，成功地完成了跳马动作，随后，我又让萱萱继续练习和同伴跳一样的高度。

温馨提示

通过与幼儿的相处和长期教育实践的积累，我们清楚地认识到：教师要以积极的态度、饱满的热情，关注和重视幼儿幼小的心灵。只有这样，才能最大限度地使幼儿的自信心得以形成与发展，使幼儿良好的心理品质得以培养。当孩子在活动中缺乏自信心时，教师应注意以下几点：

（1）**分析原因，找准对策。**幼儿参与活动时缺乏自信心，原因不外两点，一是幼儿个性内向、胆小，退缩性心理较强；二是活动难度太大，超越了幼儿的自身发展水平。前者通常表现为情绪不太稳定，有时沉闷、冷淡，喜欢独自游戏；参加合作游戏时，不愿当领导者。对别的小朋友是否喜欢和自己一起玩，他们

没把握,也不能主动邀请游戏伙伴,在游戏中常常处于被领导的地位。他们惧怕尝试新任务,常常会说:"我不会"、"老师,怎么弄呀"、"我学不好"等。他们也缺乏主动精神和创造的勇气,如有的幼儿怕美工活动,有的怕数学等。造成这种个性的原因,有时是成人过度保护和关爱,没有给予孩子放手锻炼的机会;还有的是教养方法上对孩子的斥责和批评过多,要求过高,总是把孩子与其他孩子进行比较,引起孩子的自卑心理。因此,教师要善于分析产生问题的原因,以便"对症下药"。

(2)创造机会,因材施教。

①善于运用榜样示范法和言语鼓励幼儿。心理学研究表明,人在被激励的条件下,其自身潜力的发挥是平时的2~3倍。教育艺术的本质不在于传授,而在于唤醒与激励。比如,上述活动中,我先是采用同伴的榜样示范作用,带萱萱观看跳得好的同伴活动,通过让萱萱欣赏同伴的示范动作、与同伴分享成功的喜悦来调动萱萱参与活动的兴趣和信心。同时,通过一些鼓励性的语言,如"你也可以和他们一样很棒哦!说不定比他们还棒呢!"、"当然不会,不试过你怎么知道呢?来,我们试一试吧!老师会帮助你的,一定没问题!"来激励萱萱,帮助她建立自信和战胜困难的勇气。

②降低活动的难度,让幼儿做力所能及的事,完成能力范围内的要求。对于不同能力的幼儿,教师应给予不同的任务。对于能力弱的幼儿,教师可以适当放低要求,待他能完成低要求的任务时,再逐步增加难度。对于一贯缺乏自信心的孩子,一切生活上的事情,都是培养他们自信的最好途径。比如,在幼儿园里让他们参与值日生工作和自然角的管理等。在值日生工作中,教师还可以让那些能力强的幼儿带动能力弱的幼儿,

使幼儿的责任感、服务意识和自理能力等多方面得到提高。通过积极地参与生活活动，幼儿会逐渐发现自己可以做很多事，自信心自然就得到了提高。

③正确表扬孩子。对于幼儿的任何进步，教师都要给予热烈的赞扬，因为正确的表扬可以帮助幼儿树立自信心。其做法是对事不对人，要对活动过程中孩子所做的努力进行评价，让孩子明白为什么得到表扬，而不是简单地给孩子贴上"好孩子"标签。比如，上述活动中，当孩子跳过鞍马时，正确的表扬应该是"你自己勇敢地跳过了鞍马，真棒"而不是笼统地说"你真棒"。

（3）**家园（家庭与幼儿园）配合，有效引导。**教育部于2001年颁布的《幼儿园教育指导纲要（试行）》（简称《纲要》）中指出："幼儿园应与家庭、社区密切合作，共同为幼儿的发展创造良好的条件。"教师可以利用家访、个别交流、电话等形式对幼儿的自信心发展情况进行整体调查，针对调查结果，就那些沉默寡言、性格孤僻、不愿与人交往、个性内向、缺乏自信的孩子，及时与其家长交换意见，使家长深刻地认识到了解自己的孩子、重视其自信心发展的重要性。教师应鼓励家长多关注孩子在家的活动，倾听孩子谈自己喜欢的事情和害怕担心的事情，教给孩子学会解决问题的方法。教师还可以鼓励家长利用节假日、外出时间，带幼儿开展有趣的亲子活动，提供更多与他人交往的机会，让幼儿不断地体验成功的喜悦。

5. 提问与调位
——当幼儿上课时聊得比教师还起劲时

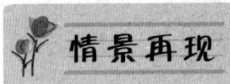

中(6)班的数学活动时间，内容是分类活动"快乐的小鱼"。活动刚开始，涵涵就和邻座的桥桥讲个不停："我昨天去超市买了辆小汽车！""什么牌子的？""奥迪的，下次拿来给你看看！"……我走到他俩身边，轻轻地摸了摸他俩的头，示意他们别讲话，认真上课。被我这一摸，他们俩安静了一分钟，之后又开始聊起来了，而且越聊越激动，声音也越来越响。

临场应变

这两个孩子的兴趣完全在自己的话题里，压根儿没有心思来听我讲课，更严重的是，还影响了边上的同伴。我不动声色地一边继续上课，一边想着怎么巧妙地既"控制"住这两个"小鬼"，又不影响我的教学进程。于是，我没有严厉地制止他们，而是请涵涵回答问题："涵涵，请你说说今天来了哪几条小鱼？"涵涵一直在聊天，自然回答不上来。于是，我又接着问桥桥："桥桥，你来帮帮你的好朋友吧！"桥桥也是一脸茫然。最后，我请其他小朋友一起来帮助他俩回答。"现在记住了吗？"涵涵和桥桥连忙点点头。"那请你们再回答一遍刚才的问题。""有两条蓝色的小鱼、三条红色的小鱼和一条黄色的大鱼。""看看，只要上课认真听，你们都能回答对问题,都是聪明的孩子!涵涵,你的座位离老师有点远啊,所以你听不清楚老师说话。来,换到前面一点儿就能听清楚了。"我一边说着,一边把涵涵的座位换到了前面。这样,我在鼓励他俩的同时,也间接地提出了上课的要求。这下,涵涵和桥桥羞得脸都红了,接下来的时间听得可认真了,都非常积极地回答问题。

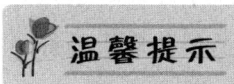
温馨提示

　　涵涵和桥桥这两个孩子特别外向,心里藏不住事情,总喜欢说出来。所以,一遇到新鲜的事情,他们总是喜欢分享,只是今天分享的时间不太对。这往往也是教师们经常会遇到的烦恼:老师在上面讲,幼儿在下面讲,有时声音还能盖过老师。分析其原因不外两个:缺乏课堂规则意识和控制能力差。

　　在集体教学活动中,当幼儿只顾着自己聊天而不听教师讲课时,教师可以这样做:①轻轻地走到幼儿的身边,摸摸他们的头,提醒他们注意听老师讲课。②找一个借口,巧妙地把爱聊天的孩子的座位隔开。③多请这些孩子回答问题。④运用一些有趣的游戏,吸引孩子的注意力。教师要注意,千万不能在全班幼儿面前训斥讲话的幼儿,如果这样做,会破坏课堂气氛,打断教学的连贯性。同时,当着全班幼儿的面批评聊天的幼儿,也是不尊重幼儿的表现。

　　除了上课聊天,有的孩子还喜欢在上课的时候打闹,招惹边上的同伴,或是出现其他影响集体教学的状况。这就要求教师在班级管理的过程中要做个有心人,了解每一个孩子的发展情况,在上课之前,对不同类型孩子的座位要有不同的安排。比如,尽

量不要让几个非常调皮的男孩子坐在一起，应该给他们分开安排座位；教室座位的排列不宜过于密集，否则，容易引起幼儿的喧闹。对于个别特别不守规则的孩子，教师可以在上课之前先做提醒，鼓励他遵守规则。

此外，从小班开始，教师就应该注意培养幼儿在集体教学活动中遵守规则的意识。比如，安静倾听老师的讲话和同伴的发言，有问题可以举手回答；到了大班，幼儿必须学会经过教师的同意方可回答问题、上课专心听讲、不和周围的同伴聊天等好的习惯。通过循序渐进的培养，帮助幼儿养成自我控制的能力。如果班级孩子上课常规普遍比较差，这时教师就应该深入分析自身的原因：是教学内容不吸引幼儿，还是教学方法太死板枯燥？同时，教师还应了解幼儿的性格特点。之后，调整教学策略，使教学活动生动有趣，内容富有挑战性。教师也可以在上课之前与孩子建立约定，提出上课的要求。必要时，还可运用一些物质或精神的奖励进行正强化，鼓励遵守规则的幼儿，一旦幼儿形成了好的习惯，便可取消强化。

还有一点也很重要，这就是为幼儿提供自由聊天的机会。我们经常会发现，孩子们在洗手间特别活跃，聊天聊得特别起劲。因为这段时间，教师不一定会在洗手间内，没有了教师的管理，幼儿在洗手间会感觉到无拘无束，所以聊天也特别起劲。因此，教师应每天为幼儿提供自由交流的机会。教师可以在教室环境中为幼儿创设温馨、私密的"悄悄话"区，让好朋友一起聊聊天；也可以在一日活动中安排专门的、固定的聊天时间，让幼儿知道，哪一个时间段是聊天时间，让他们把想和好朋友说的话都在这个时候说一说。

6. 保护与启发
——当集体教学中有"超常"的幼儿时

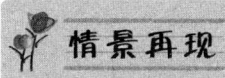

在一次观摩课上，我提出了一个问题："玻璃杯中有一个乒乓球，有多少方法能将乒乓球取出来呢？"一只只小手纷纷举起："用水灌出来"、"用筷子夹出来"、"用手抓出来"、"用杯子倒出来"……幼儿的回答，看来都在我的预料之中。当我正准备总结时，突然，子墨站出来，大声地说："我把杯子摔破，乒乓球自己不就出来了吗？"他一边说一边比画着……

这真是一个与众不同的想法，我该怎么来回应呢？肯定还是否定？子墨是一个很特别的孩子，智力超常，3岁的时候就能认读很多字，记性也很好，也经常会有一些奇思怪想。虽然他的答案不在我的预设之中，但突破常规的思维方式应该是值得肯定的。然而，这又是一种具有破坏性的做法，所以我需要恰如其分地引导。我微笑着看着子墨，没有立即否定他的想法，而是先肯定了他的与众不同："嗯，子墨的这个想法和别人不一样，他一定能很快地拿出乒乓球。"子墨得意地坐下了。接着，我把问题抛给子墨："但是，把玻璃杯弄碎不是很可惜吗？会伤手，还不安全。子墨能不能想出一个更好的办法既不打破玻璃杯，又能拿

出球呢?"子墨是个非常聪明的孩子,他马上意识到自己用的方法不太安全。于是,他又想出了其他办法。

温馨提示

在平日的教学活动中,教师经常会遇到一些特别聪明的孩子。这些孩子的思维活跃,想法往往与众不同,有时还会出乎常理。对于这些智力"超常"孩子的想法,我们教师应该怎样加以引导呢?

(1)倾听和肯定幼儿的奇特想法。当幼儿出现与众不同的回答时,教师不能马上反驳或进行制止,这会打击幼儿的积极性,使幼儿因此游离于教学活动之外。教师应该倾听,并以鼓励、肯定或等待的方式支持幼儿的观点,尊重幼儿特殊的个人体验。有时,教师还可以将这些幼儿的体验在集体活动中与其他幼儿分享,带动更多的幼儿拓展思路、创新想法。

(2)适时适当地加以正确引导。在上述活动中,我在肯定了幼儿想法的同时进行了正确引导,即"子墨能不能想出一个更好的办法既不打破玻璃杯又能拿出球呢?"通过引导,让幼儿自己意识到活动时要体验成功也要注意安全。这样做可以帮助幼儿判断自己的想法是否是最合适的,分析有没有问题。有时候,教师也可以在积极回应的状态下追问幼儿:"你是怎么知道的?"或"你们是怎么发现的?"让幼儿充分表达自己的个性想法。教师应该仔细倾听幼儿的表述,对幼儿的认知水平做出正确的判断。教师只有充分了解幼儿的思维过程以及他们获取知识的方法,才能进行有效的引导。

(3)珍惜幼儿的好奇心,鼓励幼儿标新立异,激发幼儿的创新意识。古希腊哲学家亚里士多德说过:"求知是人的本性。"好奇、好问更是幼儿的天性,是他们萌发创新能力的起点。只有对事物好奇,人们才会去思考和探索,进而逐步发展为创新或创造的能力。爱因斯坦在回答他何以有那么多重要的发明创造时说:"我没有特别的才能,不过喜欢寻根究底地追究问题罢了。"所以,教师应特别珍惜"超常"幼儿的好奇心和别出心裁,因为这是他们创新的前提和内部动力。

7. 观察与推动
——当遇到"唱反调"的幼儿时

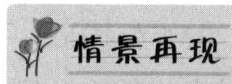 情景再现

这天的健康活动时间恰逢下雨,中(2)班孩子们不能到室外,便在室内开展"捕鱼"的活动内容。其中,活动的最后一个环节是抓小鱼,当"捕鱼人"飞快地向"小鱼"扑过去的时候,"小鱼们"尖叫着四处逃窜,可乐乐和亮亮一动不动地站在原地。他俩笑眯眯地看着"捕鱼人",嘴里还念念有词:"你来吃我呀!你来吃我呀!"

他俩的反应真是出乎我的意料,就连"捕鱼人"也呆住了,站在那里不知该怎么办才好?

幼儿教师临场应变技巧60例

临场应变

我灵机一动,很有兴趣地问道:"哟,有这么大的两条鱼,你们怎么不赶快去抓住它们?""捕鱼人"也一下子反应过来了,箭也似地飞奔过去,一把抓住了"小鱼"。被抓住后,他们两个还站在那里笑眯眯地看着我。我脑子飞快地转了一下:抓到这两条"小鱼"就结束了吗?于是,我假装不经意地问道:"抓住了'小鱼'后,我们该怎么办呢?"

"刮掉鱼鳞,然后烧一烧。""对,可以红烧,也可以清蒸。"孩子们一下子来了劲,七嘴八舌地嚷了起来。

"行,不过得分一下工,要不就乱糟糟的了。谁来当厨师?谁来刮鱼鳞?谁来洗鱼……"我问道。孩子们很快地分好了工。

"红烧还要放酱油、糖和味精",乐乐说。"要先放点油煎一煎,要吃辣的,还可以在油里放点辣椒",扮小鱼的亮亮神秘地眨眨眼睛说。"哇!你们不怕辣吗?"我故意插嘴道:"酱油、糖和辣椒在哪里呢?""到娃娃家去拿……"

在接下来的活动中,孩子们热火朝天地忙这忙那,那两个扮演"小鱼"的小朋友也乐此不疲,一会儿躺在地上假装被刮鱼鳞,一会儿又假装在锅里翻滚……"哎哟,哎哟……"突然,传来了乐乐和亮亮的叫声。

"怎么啦?"我急冲冲地过去一看,只见乐乐和亮亮的脸上被咬出了几道红牙印。"老师,小朋友们真的来吃我们了,在我们身上咬了一大口。"(孩子的告状声真让我啼笑皆非,到底是孩子,他们非常容易把想象与现实混淆。他们在手忙脚乱地烧好了"红烧鱼"后,就把这两条"小鱼"给吃了。)

"你们知道小朋友为什么咬你们吗?"我问道。"因为我们是红烧鱼。"说完,他俩也扑哧一声笑了。"鱼的身上有许多鱼刺,吃鱼的时候可不能大口大口地咬。"乐乐大声地说。

"对",我连忙应道:"鱼刺卡在喉咙里可是一件很危险的事。"

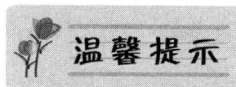温馨提示

在教学活动中,会有一些有"个性"的爱"唱反调"的孩子不按着常规去做,他们或者出于调皮,或者出于好奇。此时,教师如何应对呢?是硬把孩子往规则上拉,还是以不遵守规则为名批评孩子,或者改变策略和孩子一起发展生成新游戏呢?显而易见,最后一种方法是最适宜的。具体来说,教师应该怎么做呢?

(1)观察与倾听,了解孩子的需求。每一个活动都具有它的灵活性,这就要求教师具有敏锐的观察能力,从幼儿的突发事件中判断教育价值的所在。上述活动中,当观察到游戏中的幼儿没有遵循游戏的要求时,我没有让幼儿停止游戏,而是巧妙地将继续游戏这个"球"抛给了幼儿。因为我观察到"小鱼"并不是不会跑或跑不动,而是故意不跑,他们一定有自己的动机。所以,抛过去的"球"既能帮助我了解孩子的动机,又能暗示手足无措的孩子继续游戏。两个扮演"小鱼"的幼儿在接下来的游戏进程中,暴露出动机:想看看被抓住的结果。当游戏朝着他们所期望的方向发展时,他们也成为被同伴和教师关注的焦点,感受到了快乐和满足的情绪体验。其他幼儿也因为游戏的变化,对生成的新游戏产生了强烈的好奇感。这告诉我们,当教师了解孩子的内心世界、智慧地应对幼儿的"调皮"行为时,反而使游戏变得更好玩、更持久。

(2) **介入，把握时机推动活动的进程**。介入是指教师在活动中要给予适时、适度的帮助。这种帮助，让幼儿感到老师不再是指挥者，而是提供资源与信息的人。当幼儿在讨论烹饪方法时，我发现他们有不同的意见后，没有直接介入发表自己的意见，而是引导幼儿先分工。这是因为我发现孩子的讨论是盲目的，因此及时介入了。通过介入能推动活动的进程，渗透教育的目标。这种进程的推进是随机的，是教师根据幼儿的活动情况来确定的；渗透的目标也是教师根据游戏的情境来确定的。此外，活动中我还引入了"分工"的要求，"分工"这个词本身对于中班的孩子来说有些抽象，但在这个"捕鱼"活动中，对幼儿提出"分工"的要求后，我又进一步跟进"谁来干什么"的问题，这样幼儿很快就理解了要求并付诸于行动。

(3) **讨论，使活动的内涵更丰富**。讨论能让教师对教育场景进行有效把控，同时也是体现对幼儿主体的尊重。上述活动中，"抓住小鱼，我们该怎么办呢？""谁来当厨师？谁来洗鱼……""酱油、糖和辣椒在哪里呢？"……这些提问涉及如何分工、如何烹饪。通过提问，引发幼儿讨论，间接地参与、支持了孩子们的活动。这些讨论也充分地调动了他们的生活经验，开启了幼儿的思维，让幼儿不仅体验了一定的生活技能，同时也体会了如何从生活中去获取知识，体现了教师对幼儿的了解。有趣的是，当"小鱼"脸上被"咬出"牙印时（这是幼儿出现的将现实和游戏混淆的行为），教师用非常游戏化的讨论方式化解了即将发生的冲突，引出了新的知识经验，即鱼刺卡住喉咙是一件危险的事情。

当孩子们在活动中不断地出现新状况、发生新问题时，教师的教育机智能让幼儿在活动中调动更丰富的生活经验，帮助幼儿获得更深刻的情感认知,让教育的目标在"润物细无声"中得以实现。

8. 表扬与明确
——当幼儿的作品与教师要求不一致时

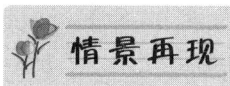 情景再现

在一次大班绘画活动"升国旗"中,我将活动重点定位在画人物的侧面或背面形象。我通过讲述经验—欣赏范画—交代要求—幼儿作画—欣赏讲评等环节依次开展活动,但在幼儿作画环节问题出现了。我观察到大部分幼儿所画的看升国旗的人都是正面画,并非实际看见的侧面或背面形象。这与这次活动的要求完全不同。

临场应变

我发现,孩子们在作画时没有充分考虑到自己的生活实际。于是,我先暂停了幼儿的现场绘画,然后挑选了几张画得比较完整的幼儿正面形象作品,并表扬了这几个画得比较快而且画面形象比较好的幼儿。然后,提问:"你们在升旗时可以看见别人的哪些身体部位?"孩子们纷纷回答,有的说可以看见一只眼睛,有的说可以看见一只耳朵,还有的说看见半个鼻子……于是,我又问班上个子最高的天天:"在升旗时,你看见了别人的哪些身

体部位?"天天回答说:"我看见了别人的后脑勺,还看见了别人衣服后面的图案呢!""那么在升旗时,我们可以看见别人身体的哪一面的形象?是正面形象、侧面形象还是背面形象?"孩子们都说看见的只有侧面形象和背面形象。

在帮助孩子们回忆了实际生活之后,我又请他们重新开始绘画。最终,孩子们的作品完成得非常不错。

温馨提示

在美术活动中,幼儿的作品与教师的要求不一致的现象,非常普遍。针对这种情况,教师应更多地考虑自身的原因,比如:活动前,教师对活动的目标是否明确;活动时,教师对重难点是否把握恰当;绘画前,教师对作画的要求是否阐述得清晰、明确、到位,等等。如果做到了这几点,相信问题就会迎刃而解。

然而,在美术教学活动中除技能技巧培养之外,还有很多重要的内容,如激发幼儿的创造性思维、培养幼儿的创造力等。那么,在开展有关这些内容的活动时,如果出现幼儿的作品与教师的要求不一致的问题,教师又该如何处理呢?

(1)**要为幼儿创造一个宽松的心理环境,激发幼儿创造的愿望和能力。**在幼儿自由作画时,教师应该允许幼儿的作品与教师的要求"不一样",比如:可以引导幼儿画得跟范画不一样,或跟别的小朋友画得不一样,但这个"不一样"也不要作为必须的要求,因为幼儿画的都是他们亲眼所看到的东西。让他们自由地画,千万不要用"像"或"不像"来评价他们的画,我们要做的是看到他们点滴的进步,表扬他们,及时给予肯定。在关注幼儿的情感体验、重视幼儿创造力的同时,教师还要恰当地帮助幼儿提高对美术作品的表现技巧,比如指导他们如何去观察事物;帮助他们认识到由整体到局部再到整体的作画顺序;一幅画的整体与局部的布置,等等。

(2)绘画后的作品评价也是至关重要的一个环节。评价首先要建立在对幼儿了解的基础上,因此教师要善于通过观察、对话,了解幼儿的活动意图及作品想要表达的思想和感受,理解和发现幼儿独特的创意、个性化的表现方法和表达形式。特别是当幼儿的作品"离谱"时,教师更应站在幼儿的视角努力理解其意图;当幼儿本身也不能清楚地表达自己的意图时,教师应能善意地给予诠释。如果在每一次绘画创作后,教师都能看到孩子作品中色彩的体现、对线条的把握、想象的奇特之处,那么孩子会增加绘画的信心,激发参与的热情,喜欢绘画,喜欢创作。

(3)**分析问题原因,适时介入**。出现"幼儿的作品与教师的要求不一致"这个问题并不可怕,也不难解决。教师要分析问题原因,把握教育时机,适时介入活动,并引导幼儿讨论,尝试让幼儿自己解决问题。

9. 鼓励与探究
——当幼儿的科学实验操作失败时

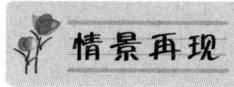

这天,我组织孩子们开展了有趣的"热喷泉"小实验。在实验前,我和孩子们一起做了充分的准备,收集了许多与实验相关

的材料：各式各样的瓶子、玻璃纸、牙签、小木棒等。要做"热喷泉"实验了，我把操作材料和要求一一向幼儿介绍讲解后，大家便开始尝试操作实验。他们按照实验步骤认真、仔细地做起来……5分钟过去了，鼎鼎跑过来大声地告诉我："老师老师，我们没有看到冷水缸里喷出热喷泉来，这是怎么回事啊？"紧接着，又有两三个小朋友跑过来："对啊，我们没有看到热喷泉！""唉！看来我们的实验失败了！"轩轩泄气地说道。

临场应变

面对孩子们的沮丧情绪，首先我给予他们大力的鼓励："没关系，失败是很正常的，老师也有失败的时候。要不，我们一起再重新做一次吧？"

"对！失败有什么了不起的，重新再来做！"成成马上受到了鼓舞。

"好，我们就再做一次吧！"

……

瞬间，孩子们就像充上了电似的，信心百倍。

我接着引导他们："那么，实验究竟是在什么地方出错了呢？让我们一起边回忆边寻找原因好吗？"

"好！"孩子们异口同声地答道。

于是，孩子们和我一起寻找实验失败的原因。

"是不是装热水的塑料瓶瓶口太小？或者是塑料瓶太软？"明明说。

"可能热水的温度不够吧？"桥桥说。

"用牙签戳在瓶口玻璃纸的洞是不是太小了？"闻闻说。

"操作步骤对不对？"平时不爱说话的贝贝也说话了。

根据孩子们提出的疑问，我们不断地重新进行实验。在实验中，每个孩子都大胆发言，运用多种感官、多种方式进行探索。孩子们还进行了小组讨论和小组实验，终于有一组的实验可以看见一点红色的水向上冒了，但是由于双面胶遇水失去了黏性，热水瓶一下子浮到了水面，导致实验离成功还差一点。

"有什么办法可以让热水瓶底和冷水缸底牢牢地粘在一起？"我把问题又抛给了孩子们。

有人说用手按住热水瓶，但是又有人持反对意见，孩子们七嘴八舌，议论纷纷。许多孩子再次根据已有的生活经验借助辅助材料进行了尝试。最后，孩子们把问题集中在"如何把浮起来的东西沉下去"。于是，我又引导孩子们回忆以前做过的"沉与浮"实验，结合以往的经验，问题很快得到了解决。最终，我们采用了阳阳的实验方案——在塑料瓶底放一块小石头增加瓶子的重量，让热水瓶底和冷水缸底牢牢地粘在了一起。

实验成功了，孩子们欢呼雀跃。

在观察"热喷泉"从冷水缸缓缓喷出一股红色的水流的同时，有许多孩子又发出了疑问："为什么会这样？"新的问题把孩子带到了新的探究活动之中，探索与发现还在继续……

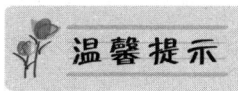温馨提示

在科学活动中，实验失败是常有的事。作为教师，关键是要抓住教育契机，帮助和引导幼儿分析失败的原因，帮助幼儿积累实验经验，锻炼幼儿的观察和分析能力，从而激发他们的认知兴趣和探究欲望，最终让幼儿体验到发现的乐趣。

(1) **面对失败不轻言放弃，帮助幼儿树立信心。**此案例隐藏着另外一个重要的价值——"不轻言放弃"。面对失败，教师应及时鼓励幼儿，并给予他们充足的信心：失败不要紧，重要的是从失败中吸取教训，总结经验，最终收获成功。这样既激发了幼儿内在的学习动机，又培养了他们主动参与、积极进取的科学态度。这对幼儿的发展和终生学习都有重要意义。

(2) **善于发现并利用活动中的偶发事件，发挥其教育价值。**《纲要》指出："教师要善于发现幼儿感兴趣的事物、游戏和偶发事件中所隐含的教育价值，把握时机，积极引导。"活动中的偶发事件具有很大的不可预测性，这就要求教师能迅速抓住教育的契机，对活动的开展做出准确判断，并采取适当的引导方式，将活动引向深入。上述活动中，我通过对偶发事件的灵活处理，使一次失败的实验变成了一次成功的科学探索活动，充分体现了对教育时机的准确把握。

(3) **保护幼儿的好奇心和求知欲，适时加以引导，为幼儿的探究活动创造宽松自主的环境。**《纲要》中还指出："让每一个幼儿都有机会参与尝试，要支持、鼓励幼儿大胆探索与表达。"这充分表明了幼儿是学习的主体，对幼儿的主体性活动，教师不可代替，也不可直接控制，而应给予尊重和保护。在教学中以及在引导幼儿积极探索的过程中，教师要给幼儿充足的时间和空间去发现问题、解决问题，让幼儿在自我尝试、小组讨论、集体分享中学习用多种方法解决问题，从中体验成功的喜悦。上述活动中，我与幼儿共同探讨实验失败的原因，从操作材料的质地、大小和水温等方面找原因，并根据幼儿的不同意见和幼儿一起尝试不同的操作材料，体现了对儿童的尊重。在实验的过程中，我还鼓励幼儿大胆发言、提出问题，让每个孩子都有机会参与活动，保护了幼儿的好奇心和求知欲，为幼儿展示自我提供了宽松的平台。此外，我对幼儿的感受和想法始终保持肯定、支持的态度，这种态度传达了对幼儿的尊重和关注，使更多的幼儿获得发展创造的空间。

10. 随机生成
——当活动突然受到外界干扰时

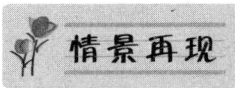

上午，我正在和孩子们开展绘本活动。我绘声绘色地在为孩子们讲《七色花》的故事，孩子们也听得津津有味。突然，窗外传来了轰隆隆的声音，接着开始轰隆隆——咚咚地作响，感觉我们的屋子也变得一震一震的。孩子们都把小耳朵捂住，对我说："冯老师，吵死了，我们听不见故事了。"我走到窗边一看，原来是边上的建筑工地开工了，打地基的声音震耳欲聋。我关上窗子对孩子们说："好了，窗子也关上了，我们继续讲故事吧。"可是，孩子们的心思已经飞到了窗外。他们说："冯老师，外面在干什么呀？这么吵，我们还是听不见故事……"

嘈杂的工地，加上安静不了的孩子，我的活动还能继续吗？看来是不能了。我得改变教学计划了。我望着窗外的工地上高大

的打桩机和轰隆隆的推土机想，何不上一节关于建筑工地的课？我问孩子们："这么响的声音是外面建筑工地传来的，今天是建筑工地第一天开工，你们想看吗？"孩子们一齐大声说："想！想！"我自嘲地想，还上什么课啊，外面的声音可比我的课更有吸引力哦。我对孩子们说："这样吧，我们一起到窗边，看看外面建筑工地的工人叔叔在忙些什么，建筑工地上有哪些机器在工作。不过，得注意安全，不能站到椅子上去，而且地方有一点挤，前面的小朋友要让着后面的小朋友一点。"还没等我说完，孩子们就迫不及待地跑到窗边，七嘴八舌地议论开了。有的孩子问："这么高的，是什么机器呀？"有孩子答道："是打桩机呗，我家里的一本书上有打桩机的照片。我爸爸讲给我听过，造高楼都要打地基，打了地基楼房才牢固。"又有一个孩子接着说："我也听我爸爸说过，地基越深，房子越稳。"我问："找找看，工人叔叔在哪里？""我看到了，打桩机的边上有工人叔叔，还有挖掘机。那边还有几个工人叔叔在搬东西。"孩子纷纷回答。

上午的语言课最终变成了一节科学课，我和孩子们一起研究了建筑工地。最后，我们在室内阳台上开辟出了一块"建筑工地"的建构区。孩子们模仿外面的打桩机，用清水积木搭建了一个高高的打桩机，用塑料拼接积木搭了挖掘机、推土机，搭得还真像。看来，我班至少今后一个月的主题都要围绕这个"建筑工地"进行了。

温馨提示

教学改革以来，我们一直在说：要以儿童为中心，儿童的兴趣是教学的源泉。幼儿学什么，怎么学，不仅由教师决定，更是应该顺应幼儿的兴趣和需要。当我们的活动因突然受到外界的干扰而无法继续时，教师需要敏感地捕捉教育的元素，将教育元素转化为教学素材。上述活动中，建筑工地的声音干扰了教学的正常进行，我充分利用这一生活中的教育元素，让幼儿观察、讨论，生成了新的教学活动：建筑工地。这正是以幼儿为中心，以生活为素材的教育观、教学观的体现。

当然，教师在教学活动中面对的意外干扰不尽相同，比如一只蝴蝶、一只小鸟飞进了教室，或者是有警车的声音出现。无论是哪一种干扰情况，只要教师在教育现场充分地挖掘事件中的教育元素，寻找与教育目标的结合点，就能开展随机教育，生成新的教学内容。

11. 借助周围材料
——当幼儿不能突破教学难点时

情景再现

今天的音乐活动是学习藏族舞《金瓶似的小山》，我在上课前准备了音乐、舞蹈的视频，在场地上画好了集体舞蹈的的圆圈；自己还反复练习了舞蹈，可以在教学中为幼儿做示范。开始时，教学还是比较顺利的，孩子们一边听音乐一边看视频，我还跟着音乐进行了现场示范，孩子们的兴趣都很高。轮到孩子们来学舞蹈了，舞蹈中有两个难点动作：一是手绕圈，二是顺风旗。关于绕圈的动作，孩子们还算顺利地学会了；到学"顺风旗"的时候，问题就多了。孩子们不是这个手势错了，就是那个方向不对，七零八落的，怎么都学不好。尽管我不断地提醒孩子，但效果甚微，我开始焦虑，孩子们开始出现骚乱。

 **临场应变**

　　这个舞蹈动作的确是有难度的，可是教材上连贯的舞蹈需要这个动作。我自己之前跳得比较顺利，没有想到，孩子们学的时候会这么难。是什么原因呢？

　　我仔细观察孩子们的动作，大多数的孩子是因为对左右方位的分辨不是很清楚导致的。那么这个活动要不要进行下去了？有什么办法可以帮助孩子们记住方向和手势呢？我一眼看见挂在音乐教室墙上的头花，头花是圈状的，中间是松紧带，试试看能不能把它们戴在孩子们的手上，作为提醒？我拿下这些圈状头花，发给孩子们，让他们戴在左手腕上。

　　接下来学"顺风旗"的时候，我说："有花的手要翘得高，这样你们手上的花大家才看得见，动作才漂亮。"每个孩子的左手都翘得高高的，特别的整齐，都不用我去一个一个纠正了。"眼睛要看着你的花"，我再次提醒。所有的小朋友都昂起了头，动作变得漂亮了。学托帽动作时，我发现这朵花又起作用了。"用有花的手托住帽。"当然我说完这句话，虽然有些小朋友托帽的手势不太对，可方向一个也没错。

　　一个舞蹈就因为这朵"头花"变成标记花，让孩子们学得比前面顺利多了。不一会儿，孩子们就基本学会了这些动作。

第一章 集体教学活动中的临场应变技巧

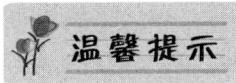

在教学活动中,当幼儿不能突破教学难点致使活动进展不顺利时,教师是将教学活动进行下去还是停止活动呢?案例中,当幼儿不能学会舞蹈动作时,我把活动室中的闲置教具运用到舞蹈教学中,对幼儿的空间方位的感知起到了支撑的作用,收到了出其不意的效果,教学活动得以顺利完成。因此,教师在教学活动中遇到这类问题时,要发挥自己的教育机智。一般可以采取以下做法:

(1)**关注动态现场,分析问题原因**。当教师发现幼儿不能顺利地完成布置给他们的任务时,教师要及时观察,分析幼儿学习困难的原因,是因为内容较难、任务不明确还是教师没有交代清楚?然后,在考虑解决问题的方式时,千万不能独断专行,不能为了完成教学目标,不顾幼儿的理解能力和兴趣。

(2)**及时调整策略,随机应变**。当教师明确幼儿产生问题的原因后,要及时调整教学策略,如改变提问方式、借助辅助材料、降低目标的难度等。教师要有这样的观念:目标是预设的,幼儿是变化的,目标应该是幼儿跳一跳能够得着的。

(3)**果断终止教学过程**。当教师发现教学中的问题不能够现场解决,而幼儿的兴趣和耐心都已经消失殆尽的时候,教师要判断教学活动是否还具有继续下去的价值。如果没有,就应该果断终止教学活动,转向下一个环节;课后再反思问题的原因,寻找对策。切忌继续开展毫无意义和价值的活动,这样做,容易引发幼儿对教学活动的厌倦感,浪费幼儿的时间。

第二章

个别化活动中的临场应变技巧

❋ ❋ ❋

突然，教室的角落里响起了"哇哇哇"的哭声，小豆豆又把妞妞搭的积木推翻了，导致妞妞大哭；眼看活动时间就要过去了，点点还犹豫地站在玩具柜前，晃来晃去不知道该选什么玩具；自然角中的小动物突然死了，孩子们哭得好伤心……

上述这些的场景在幼儿园的区域活动和游戏活动中可不少见。每一个孩子都有自己的个性特点，有的会奇思怪想，有的有破坏性行为，有的有选择性困难……面对这些性格各异的孩子，教师建立具有安全感的环境、了解他们行为背后的原因、支持他们的突发奇想、帮助他们和同伴建立友好的关系等至关重要。本章的16个临场应变技巧将有助于帮助教师了解在区域、游戏、日常活动中的一些突发事件的应变方法。

12. 丰富和深化
——当幼儿的活动兴趣点易转移时

> **情景再现**

　　区域活动时间，我让孩子们纷纷按照自己的意愿选择了活动内容。因为前几天我刚组织孩子们学习了故事《森林里的运动会》，所以我在表演区投放了相应的服饰、道具。刚开始，我看到在表演区活动的孩子穿上服饰、拿起道具合作玩了一会儿，但很快他们好像就没了兴趣，纷纷来到其他活动区玩。阅读区的情况也是如此，大部分孩子也只是看了一会儿就不再看了，他们有的聊起了天，有的拿起旁边的积木搭房子。

> **临场应变**

　　当孩子们对一件事物失去兴趣时，强行把他们拉回，只会引起孩子们的反感。那么，如何引导孩子们在自己所玩的游戏活动中建立一定的兴趣，这是一个值得思考的问题。

　　孩子刚开始对角色表演活动和阅读活动很有兴趣，但一会儿就没有兴趣了。为什么呢？通过观察，我认识到活动内容的枯燥和活动玩法的单一是主要原因。于是，在接下来的活动时间里，在表演区，我组织孩子们模仿故事里的场景进行运动会比赛。竞争的氛围，一下子把孩子们的兴趣调动起来了，他们互相比赛，看谁能够得第一，不再有人想离开了。

随后，我又来到阅读区，捡起孩子们刚刚看的《中华成语故事》，对他们说："有谁知道这本书里的成语故事？"刚刚在看书的孩子们纷纷举手说："我知道"、"我知道"……我请鹏鹏讲讲。鹏鹏说："我刚刚看完了一个《刻舟求剑》的故事，有个人坐船的时候不小心把宝剑丢到了河里，于是在船上刻了个记号，说要等到船靠岸了再下去捞剑，结果没有捞到剑。"在鹏鹏讲完后，我带头鼓起了掌，其他围观的孩子们也鼓起了掌。看到围观的孩子们的兴趣都被吸引到这里，我趁机对孩子们说："谁还知道其他的故事，讲给我听听好么？"孩子们都七嘴八舌地讲了起来，有的讲《守株待兔》，有的讲《揠苗助长》。可是渐渐地孩子们知道的成语故事都讲完了，他们的兴趣也逐渐减弱了。在他们的注意力又开始转移时，我对孩子们说："我们来做个读书猜谜的游戏好不好？"我把孩子们分成两组，每组发了一本《中华成语故事》，告诉他们游戏规则，即每组人员尽可能多地了解成语故事，5分钟后进行成语比赛，由一组提问成语，另一组回答故事，看看哪一组回答的多。随后，这些在阅读区的孩子们都开始安静地看书了。5分钟后，等我再过来时，比赛已经开始了……

不同活动区的孩子在我的不同引导下都能够认真地将活动进行下去。通过丰富活动形式、深化活动内容，孩子们对活动的兴趣逐渐增强，不再随波逐流、见异思迁了。

温馨提示

活动中，根据幼儿兴趣点转移的问题，我不断地调整指导策略，试图将自身的角色定位为幼儿学习活动的支持者、合作者和引导者。一方面，我在表演区设计了故事场景比赛，因为既是故

事场景，又是比赛，自然非常吸引幼儿的注意力，使幼儿的活动兴趣很高。另一方面，在阅读区开展"读书猜谜"的游戏，改变幼儿独自看书的方式，开展小组猜谜活动，加深活动难度，使活动具有挑战性。同时，合作型的学习让幼儿感受同伴共同学习的乐趣。可见，教师在临场应变时应敏锐地发现问题，并及时调整、深化活动的内容，调整活动的形式，全面关注幼儿的需要，努力体现师生互动，促进幼儿多种能力的发展。

兴趣是人们力求认识某种事物或爱好某种活动的情感倾向，在儿童的成长和发展中，起着很大的作用。它可以激发儿童的求知欲，促进儿童的个性发展；能促使儿童进行创造性的学习和劳动。幼儿活动兴趣点易转移的原因主要有两个：一是由幼儿的年龄特点决定——学前阶段的幼儿注意力持续时间普遍较短；二是与活动内容、材料有关——内容单一、枯燥、不具有挑战性，或是内容脱离幼儿的兴趣与能力，或是材料陈旧、缺乏趣味性都会影响幼儿对活动的兴趣。因此，为了让活动吸引幼儿的兴趣，我们可以这样做：

（1）**活动前，教师在投放材料时应该向幼儿暗示活动的不同玩法，或者在活动前传递给幼儿不同的游戏经验。**因为教师不可能在每次活动中都要告诉幼儿，这个游戏该怎么玩，这个玩完了还可以怎么玩。这样游戏的自主性和探索性就失去意义了。教师在活动前准备充分，就能有效地避免活动后出现的问题。

（2）**活动中，关注幼儿的兴趣点，丰富活动形式，深化活动内容。**教师要敏锐地捕捉孩子在活动中的兴趣变化，及时调整内容、材料，引导活动向更深层次发展，使幼儿活动的兴趣重新点燃。除了深化内容外，活动的组织形式也可以进行一些调整，如开展一些同伴互动的活动等。

面对幼儿活动中出现的兴趣转移问题,教师要像朋友一样和幼儿进行讨论,并适时抛出一些问题,共同探讨、共同寻找答案。比如,我们还可以怎么玩?有什么新玩法?你们想有什么材料,等等。这些问题的提出,不仅有效地增强了师幼间的互动交流,更能使孩子们把兴趣点转移过来,使之对活动的专注度不自觉地提高起来。教师要始终以较平等的身份参与到孩子们的活动中,要让孩子们感到轻松自主的气氛。

13. 探索与解读
——当幼儿不理解材料的设计意图时

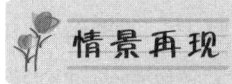

分组教学活动开始了。这是一节数学活动,我为每组幼儿准备了一些操作材料:糖果若干、糖袋五只(上面有1~5的圆点),教学目的是让幼儿运用各种感官通过夹糖、装糖、品糖等游戏感知5以内的数量,提高幼儿点数、计数及匹配的能力。

我将糖果分到每组孩子的篮子中,交代了第一个活动"夹糖游戏"的要求。孩子们把小手变成夹子(用两只手指头做"剪刀"状),伸到篮子里去夹糖果,一块、两块……玩得不亦乐乎。这个游戏进行得很顺利。之后,我又交代了下一个游戏环节——"装糖游戏"。我说:"请小朋友们数数袋子上有几个圆点,然后往袋里装和圆点一样多的糖,听清楚了吗?""听清楚了!"孩子们异口同声地回答。之后,他们开始操作起来。忽然,我听到一

旁好像有"咔嚓—咔嚓"声，转身一看，边边小朋友正在吃糖呢。他怎么把装糖变成吃糖了呢？

我走过去探个究竟。还没等我开口，边边就开心地说："老师老师，这个牛奶糖真好吃。""糖袋呢？"我问。"在这里，装好啦！"边边神气地说。我仔细一看，原来，边边没有按照圆点的数量装糖，多余的糖都被边边吃掉了。看着一脸无辜的边边，我觉得又好气又好笑。

临场应变

糖，是幼儿熟悉、喜爱的食品。它精美的包装、形态各异的外形、鲜艳美丽的色彩和奇特丰富的口味，都对幼儿有着巨大的诱惑力，对年龄小的孩子来说更是如此。以我对边边的了解，他肯定是被糖果诱惑得分了心，没有听清楚我的要求，不理解操作材料的设计意图，而不是故意为之。通常情况下，教师在遇到这样的情况时，可能会直接批评孩子或者直接告知孩子正确的操作方法，但我觉得都是不可取的。对于小年龄段的孩子来说，循序渐进式的引导更容易为他们理解和接受。

看着时间还多，我耐心地对边边说："宝贝，你数数这里有几个糖袋？"边边伸出胖乎乎的小手："一、二、三……一共有五个。"边边看着我说。"那宝贝看看，糖袋上有什么？"我继续说。"有圆点。"边边回答。"它们的圆点是一样多的吗？"我追问着。边边仔细看了看说："不一样，这只有一个点点，但是那有三个。""糖袋爷爷说它身上有几个点点，袋子里就装几颗糖果。如果装少了，糖袋爷爷就不够吃了，现在明白了吗？"我微笑着说。边边会意地点点头。"那等下糖果我能品尝吗？"边边小心翼翼地问道。"当然可以,老师等下会告诉大家的。"在这之后,边边按照活动要求顺利地分配好了糖果。在小朋友们都装好糖果后,我们进行了"品糖游戏"环节,孩子们快乐地品尝糖果带来的美味。最后,整个活动较顺利地结束了。

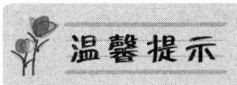

在整个活动过程中,教师是"平等中的首席",很有耐心和爱心。当发现小班孩子因为对糖果很喜欢而忽略了材料的玩法时,教师耐心地加以引导,通过和幼儿一起探索材料、解读材料让幼儿理解材料的设计意图。这是非常重要的。教学中,教师经常会遇到幼儿对材料的设计意图不清的情况,这就要求教师:

(1) 在活动中迅速地认清现状,了解出现状况的原因。如果是因为材料有缺陷,教师应该立即用其他方法进行弥补,使幼儿明确材料使用的要求。比如,教师提供的材料过于杂乱,分散幼儿的注意力;材料涵盖多维因素,难以区分;图示不清晰,幼儿看不懂,等等。当材料过于吸引幼儿的兴趣导致幼儿忽略材料的玩法时,教师要耐心聆听、悉心引导,让孩子在循序渐进中理解活动的意义。

(2) 反思自己的教学语言是否准确,要求是否清晰。教师的语言表述非常重要。在幼儿的操作活动中,过于烦琐的语言容易干扰幼儿对要求的提炼,因此教师的语言要简练而清晰。如果幼儿没能听清楚,教师要耐心细致地把材料的设计要求重新告诉幼儿,必要时进行一些示范。

14. 拆分与渐进
——当幼儿在操作活动中缺乏毅力选择放弃时

情景再现

这天,溜溜妈妈一早就把孩子送到幼儿园。我对溜溜说:"宝贝,今天你表现得很棒,早早来上幼儿园了。""因为我今天想玩橡皮泥了。"溜溜高兴地说。不一会儿,天天小朋友也来了。我让他们分别选择自己喜欢的区域,自由活动。于是,溜溜选了美工区玩橡皮泥,天天选了积木区搭积木。

过了没一会儿,只听到天天一声尖叫:"你干吗动我的积木?"我迅速跑了过去,只见溜溜正在动手拆天天的积木。我赶紧制止了溜溜,问她:"溜溜,你不是在美工区玩吗?你怎么不玩橡皮泥了?今天早上你不是跟老师说最喜欢橡皮泥了吗?"

"老师,我捏不好,橡皮泥不好玩,我不想玩了。"溜溜很委屈地说,还用手指了一下美工区。我抬头望去,只见美工区桌面上是一团团看不清具体形状的橡皮泥团。

临场应变

看来,溜溜是因为捏橡皮泥太难,中途放弃了。从早上的情况来看,她还是喜欢玩橡皮泥的,如果听之任之,对她以后的毅力和坚持性培养不利。于是,我决定略微添加一点小小的因素到她的游戏中去,帮助她获得成功。

第二章 个别化活动中的临场应变技巧

我问她:"溜溜今天最想捏个什么动物呢?""我想捏个猴子。"溜溜说。"那这样好吗?咱们今天先捏猴子身体的一个部位,比如它的脚,它的头,或者它的尾巴。捏好了以后,如果你还想捏,那么就继续;如果不想的话,明天我们再捏猴子身体的其他部位,好不好啊?"溜溜轻轻地点了点头。"好的,那么你看我们来捏猴子的什么部位呢?"溜溜想了想,最后决定捏个猴子的尾巴。接下来的时间里,溜溜便不停地搓啊搓,慢慢地,一条长长的尾巴出来了。我表扬溜溜:"嗯,很不错的尾巴哦!你今天还想不想捏猴子身体的别的部位呢?"溜溜获得了成功感,信心来了:"嗯,再捏只手吧。"不一会儿,一只手又出来了……

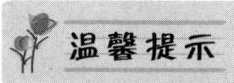
温馨提示

无论是在幼儿园还是在家中,我们经常会遇到幼儿因为没有毅力把事情坚持到最后而中途放弃的情况。比如,幼儿画画到一半,突然说不想画了;玩到一半突然放下手中的事情,去玩别的玩具;学习某样东西,突然说不想学了,觉得没有意思了,等等。这是非常普遍的现象。

幼儿是否能坚持参加活动,和活动内容是密切相关的。当幼儿缺乏毅力选择放弃时,教师要了解活动要求是否符合该幼儿的发展状况。在活动中,感觉有难度的幼儿可能选择放弃。因此,教师要关注不同层次幼儿的发展,当发现幼儿是因为要求过高而放弃时,教师可以适当拆分任务,把大任务变成若干个小任务,降低任务的难度,帮助幼儿克服畏难情绪,让幼儿获得成功感、能力感和信心,循序渐进地完成接下来的任务。这种方法同样适合个性缺乏坚持的孩子。

当然，要培养幼儿的毅力不是一朝一夕的事情，在教育的过程中，教师应该注意以下问题：

- 游戏内容不应该过于复杂，否则会加快孩子对游戏或者教具的疲倦感，很快地就想离开这个游戏。
- 在孩子游戏的过程中，应该提供有限制的选择。比如，教具不宜摆放太多，否则会让孩子觉得眼花缭乱，有都想去玩一遍的冲动，导致孩子分散注意力。
- 尽量让游戏多样化。同一个游戏反复进行，不单单是孩子，就连我们成人都会觉得千篇一律，不一定能坚持下去。因此，幼儿教师要有创新的精神，经常在游戏中添加一些新鲜快乐的元素。

15. 观望与规定
——当某一个活动区人数太多时

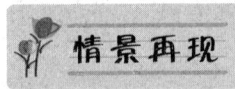

新开设的玩具区规定每次只能容纳6个人，可是今天区域活动时一下子挤进了8个小朋友，而且也说不清谁先来、谁后来。孩子们嚷着"人太多了，人太多了"，可谁都不肯离开。尽管活动之前，我已经强调了每个区的人数要求，并且在每个区域里面设了明显的标记，可还是不行。

临场应变

孩子们对新设的玩具区充满期待，都想进去玩。此时，我既不想影响孩子们的活动热情，又不能制定了规则而不去执行。但是，谁先进谁后进我也没有看到，怎么办呢？我想，还是先观望一下再说，看看这些大班的孩子能不能自己解决，必要的时候我再干预。孩子们吵闹了一会儿，就见经常做"小老师"的洋洋提议道："我们用'点兵点将'游戏决定吧。"其他孩子一致同意。点了两圈后，两个被点到的孩子尽管有些不太开心，但还是"愿赌服输"了。

这一次，这群孩子的表现，让我看到了他们的成长。他们用自己的方式圆满地解决了"今天谁来玩"这个难题，让我觉得自己的"观望"和"放手"是非常有价值的，也让他们体验到了自己独立解决问题的成就感，锻炼了他们的自立能力。

温馨提示

这个案例向我们抛出一个问题：当某一活动区人数太多时，教师是否应该介入？案例中，教师没有介入，而是采用观望的方式。但观望的前提是：这些幼儿已经到大班了，大班的孩子应该具备自己解决问题的能力。最终，幼儿妥善地用自己的方式解决了问题，并且很好地遵守了活动区的规则。有这样放手的教师，怎能不培养出协调能力强的幼儿呢？

有一句老话说："懒惰妈妈培养出勤快孩子。"有时候，教师也可以做做"懒人"，不要急于介入幼儿的矛盾中，应充分给予

孩子自己解决的空间。如果是中班或是小班的幼儿，教师也可以用其他方式解决，比如引导幼儿采用黑白配、石头剪刀布等游戏的方式来决定去留。

当然，如果在活动之前就有明确的物化规则，就会避免以上情况的发生。由于受到活动空间、材料和游戏内容的限制，人数的限制是活动区重要的规则。教师可以根据活动内容在活动区设计明显的标志和对应的进区限制。比如：在需要脱鞋的活动区门口，贴上相应人数的脚印，幼儿将脱下来的鞋子放在相应的脚印上，脚印上放满了就意味着不能进去了。再比如佩戴进区卡片进区，卡片取完了表示该区人数已满，后来者要等待下一次的机会。数量和物化的对应能很好地控制活动区的人数，避免纠纷。

在日常生活中，培养幼儿的规则意识非常重要。"没有规矩，不成方圆。"人们的社会生活是在纵横交错的规则中进行的，遵守规则是幼儿社会性发展的重要标志。因此，从小班开始，教师就应该制定各种规则，循序渐进地帮助幼儿养成良好的规则意识。

16. 淡化矛盾与强化认识
——当幼儿故意破坏时

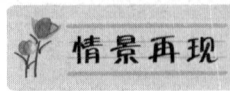

饭后的自由活动时间，孩子们在搭积木。丫丫正在很认真地搭一架飞机，豆豆走过去看了看说："你搭的是什么啊？"丫丫回答是飞机，豆豆说："搭得真难看，一点都不像！"丫丫听了很生

第二章 个别化活动中的临场应变技巧

气,顺手一推,把豆豆搭好的作品全部推翻了。于是,两个人吵了起来。

临场应变

我并没有马上走过去,而是任其争吵,让他们有一定的机会表述自己的观点,我也可以进一步了解原因。只听豆豆说:"你干吗打翻我的积木?"丫丫说:"你说我搭得难看,你的也不好看。"两个人就这么你一句我一句地争吵着,直到他们争执不下了,我才走到他们面前,对丫丫说:"为什么要打翻豆豆的积木呢?他搭得不好看吗?"丫丫心虚地点了点头。

于是,我抓住这个机会,对他们两个说:"你们都说对方的不好看,那你们两个一起搭一个最好看的出来,好吗?老师很期待你们做一个最漂亮的模型出来。"两个人受到鼓舞,立马尽释前嫌,投入到新的搭积木的过程中。而且,因为是一个团队的缘故,两个人配合度很高,丫丫甚至把自己的积木拆了,用于搭建新的积木。最后,他们一起合作搭建了一个非常漂亮的模型。我公开对他们进行了表扬,让他们尝到了合作的甜头,懂得合作比破坏带给人的快乐多。

区域活动结束后,我把丫丫和豆豆带到他们搭建的玩具前,问:"豆豆,你们两个人在搭的时候,丫丫搭了哪里?"豆豆指着丫丫搭的部分说:"是这里。""那如果没有丫丫搭的,这个模型还会这么漂亮吗?丫丫搭得好在哪里?"豆豆一边指一边说。"哦,豆豆的眼睛很亮呀!我没有发现的都被你发现了。""丫丫,豆豆说的对吗?"丫丫说:"是的。"我说:"别人发现你的优点你一定很高兴,但如果别人指出你的缺点,你该怎么办呢?"说到这里,

丫丫已经明白了我的意思，不好意思地低下头。

温馨提示

当幼儿有故意破坏的行为时，教师不能根据以往的经验进行判断，而是需要去探询背后的原因，做到有的放矢。必要时，在问题发生的当下避重就轻让活动顺利地进行下去，也维护了幼儿的自尊心。活动结束后，再告诉幼儿面对问题时妥当的做法。上述活动中，我正是运用了这一方式，通过让幼儿合作搭建来互相接纳与认同，解决了问题。幼儿的故意"破坏"行为，通常有以下几个原因：

(1) **为了报复其他幼儿。** 有些幼儿内心比较脆弱，受不了挫折，听不了批评，如同丫丫那样，"你说我不好，我也让你不好过"，通过这样的方式来表达自己的不满。教师应该帮助这类幼儿认识自己行为的不良之处，告诉幼儿表达自己的不满有很多方式，比如告诉老师，把自己好的地方讲给别人听，或是改进自己的作品，等等。

(2) **为了吸引教师的关注。** 对幼儿来讲，教师对自己的忽视比批评更令人难以忍受。因此，当某些幼儿得不到教师的足够重视时，他们便会通过故意破坏来吸引教师的注意，哪怕破坏行为换来的是批评。面对这类孩子，教师要及时与他们沟通，了解他们的心理需求，并及时调整自己与幼儿的相处方式，给予他们更多的关注。

(3) **为了寻找答案。** 把自己感兴趣的东西拆开，是幼儿学习探索的一种表现，他们想看看某个东西究竟是怎么回事。比如，很多男孩喜欢把车子拆开，去看车子里面到底是什么，车子为什么会动等。他们沉浸在自己喜欢的事物里面,并努力通过自己的双手去寻找答案。破坏是一个手与眼都在活动的过程,能够促进他们思维和创造力的发展,以及对更多事物的探索兴趣。所以,当教师看见幼儿把机器人拆了,应该蹲下来参与到幼儿的活动中,问幼儿:"机器人里面是什么啊?怎么会动的?"引导、帮助他们一起寻找结果,然后再跟幼儿一起把拆开的玩具恢复原样。这样才能让幼儿在"破坏"—探究—重建中获得心理的满足。但是,教师要注意的是,应该让幼儿明白并不是所有的东西都可以破坏,破坏幼儿园的公共财物是不可以的。

(4) **出于好玩的心理**。如果孩子只是觉得破坏别人的成果好玩,那么教师可以引导他们换位思考一下别人的心情,可以在他们游戏时也"故意"破坏一次,让他们逐渐学会理解别人。教师要学会用移情的方式引导孩子学会珍惜自己和别人的劳动成果,欣赏他人的成功。如果幼儿经常故意破坏幼儿园的物品,教师可以运用一些必要的"惩罚"措施,比如剥夺他们最心爱的玩具,或是让他们停玩一次最喜欢的玩具。

(5) **不认同别人的作品**。当某些幼儿觉得他人的作品不如自己或者比自己好的时候,也会破坏他人的作品。这时,教师就要善于抓住日常生活中的每一个教育契机,引导幼儿练习用欣赏的眼光看待同伴及其作品。比如,某个幼儿搭建的建构作品很有趣。教师可引导其他幼儿去欣赏、去学习,并让他们对这个幼儿说一句赞扬的话,谁说得好,就给予肯定。这样的实践练习,促使幼儿在不断地被鼓励中学会用欣赏的眼光看待同伴,并在认识—实践—提高认识的不断往复和深化中形成一种自觉行为,从而减少故意"破坏"行为的发生。

17. 引导与放手
——当幼儿只关注某一个游戏区时

情景再现

又是游戏时间，教室里面好热闹。娃娃家、医院、烧烤餐厅、电影院、建筑工地、美容美甲店，这些都是孩子们最喜欢的游戏区域。突然，烧烤餐厅那边传来了争吵的声音。怎么啦？我循声望去。原来，餐厅里面人满为患。餐厅里只有4顶厨师帽、4个围裙，意思是只能进去4个厨师和4个服务员，可现在竟然挤了11个孩子。大家都在嚷嚷着要做餐厅游戏，互不相让。

临场应变

以前没有出现过这样的情况，这是怎么了？孩子们玩游戏，一般我只是给他们创设环境，提供材料，不去规定谁玩什么。可现在一下子有这么多人要玩餐厅游戏，地方又那么小，不干预是不行了。不过，我还是决定要先了解一下孩子们究竟是怎么想的。于是，我问："怎么了，孩子们？"孩子们一看到我，你一言我一语地说开了。乐乐说："餐厅里有很多新的烧烤串，我想玩。"菲菲说："我也想玩新的烧烤玩具。"点点说："昨天是他们玩的，今天应该轮到我玩。"小豆豆也来凑热闹说："老师，我已经很长时间没有做过厨师了。"我一眼瞥见了昨天和孩子们一起做的"烤鱿鱼"、"烤肉串"、"烤蔬菜"玩具。原来，孩子们在为这些东西争执不休啊,看来我只有介入了。

我问:"都想玩啊,餐厅还挤得下吗?等会儿顾客来了坐哪里呢?"孩子们听了我的话,都愣住了。乐乐左右看了一下,说:"餐厅里厨师和服务员一共只需要8个人。""对呀,那数数看你们有几个人了?"菲菲的数学好,说:"11个人。""那怎么办?谁愿意退出,明天来玩?"我问。几个孩子都不做声了。我说:"都不愿意退出?那你们也总得想个办法呀,不然这么小的地方哪里能待11个人。再说,大家都在玩了,你们这样争论不休,游戏时间马上要过去了。"在一边的点点轻声说:"老师,边上的奶茶店没有生意,只有两个人,能不能把奶茶店变小一点,餐厅变大一些。"我转头看到奶茶店的确只有两个孩子,顾客也很少,占的地儿还蛮大的。我说:"那你们谁去和奶茶店的工作人员商量一下,问问他们愿不愿意借我们一点地儿?"乐乐自告奋勇地到奶茶店去协商了。我又说:"那你们赶紧想想,地方变大了餐厅怎么布置。帽子、围裙不够怎么办……老师先去看看那边的小朋友,待会儿过来看你们。"我故意找了一个借口离开了这群孩子。远远地,我观注着他们。几个孩子忙着抬柜子、抬桌子,把活动场地扩大,点点一边抬一边对着奶茶店的孩子喊:"谢谢你们,等一会儿来餐厅吃饭。"菲菲不知从哪里找来两块小围巾,扎在头上做成了帽子……游戏时间的争吵结束了,孩子们又忙乎开了。

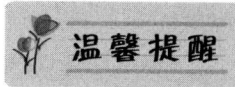
温馨提醒

角色扮演游戏是孩子们自主自发的游戏,是幼儿生活经验的再现。在角色游戏中,幼儿创造性地扮演成人的角色,运用游戏材料和替代品开展游戏，同时与其他幼儿协商、互动发展社会交往能力，使情感得到满足。在角色游戏中，教师应注重鼓励幼儿与同伴商量确定角色的分配，促进幼儿对游戏材料的想象与使用，以物代物、一物多用。上面的活动，幼儿在游戏中发生了纠纷，我虽然及时介入了，但并没有按游戏中角色人数的限制去规定，而是给予幼儿宽松的游戏空间，因为既然是幼儿自己的游戏，就应该让幼儿自己决定，并引发幼儿之间的认知冲突，让他们自己思考解决问题的方式。我们也看到，游戏中的幼儿的智慧与能力。在区域游戏中，遇到类似的问题时，教师应该：

(1) **正确认识角色游戏的价值**。教师要尊重并鼓励幼儿游戏的愿望，让幼儿能在游戏中获得最大的快乐和情感满足。

(2) **要善于观察幼儿的游戏**。遇到游戏中的纠纷，教师要了解分析问题的原因，引发幼儿产生认知冲突，启发他们发现问题产生的原因，给予他们自己解决问题的空间，切忌盲目武断地指导或决定幼儿的游戏。

(3) **当规则与幼儿的兴趣发生矛盾时，教师要及时根据幼儿的兴趣调整游戏规则**。比如，增加幼儿感兴趣的游戏区域面积，关停一些冷门的游戏区域，等等。教师要为幼儿的自主游戏创造良好的条件，允许幼儿自己掌握游戏的进程。

第二章　个别化活动中的临场应变技巧

18. 理解与启蒙
——当自然角中的小动物突然死亡时

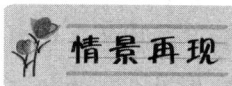 情景再现

下课了，小洁突然眼泪汪汪地跑到我跟前着急地说："老师，老师，我们养的蚕宝宝不会动了，会不会死了？"说完，拉着我的手就往自然角跑。自然角已经围着很多孩子了，有的孩子在说："不会的，不会的，应该是在睡觉。"还有的孩子说："一定是死了，现在是白天，怎么还会睡觉呢？"我挤进人群，用手轻轻地摸了一下蚕，果然是死了。我对孩子们说："蚕宝宝的确死了。"我刚说完，旁边的小女孩就哭了起来："多可怜啊，蚕宝宝怎么会死呢？呜呜呜呜……"小男孩们说："老师，要不送医院吧，能不能救活呀？蚕宝宝是怎么死的呢？"

临场应变

看到孩子们伤心、着急的样子，我也很难过……我想：不如因势利导给他们上一堂生动的生命课程，让他们知道生命的意义、学会珍惜生命。

于是，我对孩子们说："是啊，我们得想想看它为什么会死呢？是被饿死的还是其他什么原因？"孩子们围在自然角边，七嘴八舌地讨论着。"对了，前几天我看到桑叶没有了，这两天蚕宝宝是不是没有吃东西呀？"我把目光转向边上的乐乐，这周是

乐乐值日，由他来喂蚕宝宝。乐乐看到我看他后低下了头，怯怯地说："我看桑叶没有了，就没给蚕宝宝喂。"原来如此。孩子们的眼神有一些责备。我赶紧转换了话题："那么死亡的蚕宝宝怎么办呢？"孩子们纷纷说："到种植园地给它做个坟墓吧。"于是，我们怀着悲痛的心情一起掩埋了蚕宝宝的尸体。在接下来的时间里，我改变了原有的教学内容，组织孩子们观看了动物的生长图片以及动物在各种环境下生活的状态，告诉孩子们生命是非常可贵的，各种动物在不同的环境下为了生存经过了各种各样的艰辛历程。随后，我让小朋友们讨论了如何照料小动物和植物，如何做饲养记录和种植记录，学习体贴入微地照顾弱小的生命。

温馨提示

在我们的生活中，自然角中的动物和植物也许都是一些微不足道的生命，这些小生命在幼儿的心中地位如何，取决于成人对待它们的态度。案例中，当幼儿告诉我蚕宝宝死了时，我和幼儿共同焦急、共同伤心、共同商量如何处理蚕宝宝尸体、共同学习如何关爱小动物。这种"共同"正是教师与幼儿情感的共鸣，是一种爱的同理心。正是通过一个上午的"共同"，我把正面的关爱、同情小动物的情感潜移默化地传递给了幼儿。这是一种热爱生命的启蒙。

当我们再遇到类似的问题时，应该做到：情感上给予认同接纳；行为上给予引导支持；观念上给予形象补白。

在照料小动物的过程中，幼儿通过与小动物的实际接触，通过对它们的观察、饲养与照料，以及进行成长记录和与他人交流，会有许多有趣的发现，获得许多相关的经验和信息。在这其中，教师要让幼儿时刻体会到如果在喂养过程中遇到各种各样的问题应该如何去处理，比如说没有食物了怎么办等。在活动中，教师要追随幼儿，引导幼儿学会去分析以及解决这些问题，引导幼儿不断地研究探索，并善于从他们的表现、争论中捕捉到有价值的信息进行整合和概括，并抓住其中的关键经验加以提升。

幼儿学会了去珍惜这些小动物的生命，懂得平等对待，同时也就学会了珍惜自己的生命，懂得父母养育孩子的艰辛。

19. 创新与完善
——当幼儿厌倦游戏的玩法时

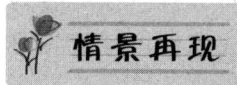

下午又到了户外活动时间，今天的活动内容是玩报纸球。活动开展前，我对孩子们说："我们今天玩报纸球。小朋友们可以玩赶小猪（把报纸球当成小猪），也可以玩投篮游戏（把报纸球当成篮球），好不好？"小朋友听到后，都无精打采的样子，纷纷说："老师，这个不好玩，我们已经玩腻了。"

户外活动时间，由于幼儿园本身材料有限以及活动场地的限制，教师不可能每天都呈现新的玩具，这就需要教师开动脑筋开发这些旧玩具的新玩法。把新玩法的任务交给孩子们可以发挥孩

子们的智慧，让他们参与到活动的思考过程中来，又能提高他们活动的积极性。于是，我问："那么你们想怎么玩呢？"有的小朋友说："老师，我们抛球，看谁丢的远。"有的说："老师，我们夹着球，看谁跑得快。""老师，我们踢这个球，看谁踢得远。"这下子大家七嘴八舌地开始了激烈的讨论，看来这个活动的响应还是很不错的。

见大家讨论得差不多了，我综合了大家的意见，指出了游戏方法："大家从这个起点把球带到小白兔这里，每次两个小朋友，每次方法不同，但是不能用手，速度最快的小朋友能得到一个五角星。""好！"小朋友们一致同意我的建议。于是，我把小朋友分成两组，每次孩子们用自己的方法看谁的动作最快。只见孩子们有的把球夹在两腿中间，有的用脚踢，有的用头顶，各种姿态，各种方法，层出不穷。最后，大家通过讨论，发现最好的办法是夹着球跑。最快的孩子也顺理成章地得到了我奖励的五角星。

温馨提示

在教育活动中，教师经常会遇到教具资源有限的情况，此时，教师就要引导幼儿想出各种新的玩法。对于幼儿的建议，教师的采纳以及鼓励是非常重要的，要让幼儿体会到参与的快乐和思考解决问题的重要性。同时，教师要发现幼儿的想象力以及创造力，深入引导幼儿学会如何分析问题。此外，教师可以放下姿态，融入到幼儿的创新游戏中，把指挥权交给幼儿。正如《纲要》中所提到的："教与学之间的关系是一种互为转换的关系，教师对幼儿的支持与完善正是体现了教育与发展的融会贯通。"

结合案例,当孩子们厌倦了游戏的玩法时,教师应该用什么样的方式去处理呢?

(1) **鼓励幼儿开动脑筋开发游戏的新玩法。**幼儿的智慧是无穷的,引导幼儿一起想办法不仅能调动幼儿活动的积极性,同时也能锻炼幼儿的分析和思考能力。

(2) **以采纳的方式保持幼儿的创新兴趣。**当孩子们对一个已经熟悉的活动产生新的游戏玩法的时候,教师应该认真采纳并肯定孩子们的创新想法,鼓励他们用自己的方式去解决现实中面临的这些问题,用新的方式去思考。

(3) **以实践的方式鼓励幼儿进一步创新。**在活动过程中,教师应该用观察和引导的方式,发现孩子的潜能所在,并以实践的方式鼓励幼儿进一步创新玩法。教师应以支持者的身份,为幼儿创设环境和氛围,鼓励幼儿将自己的创新想法付诸于实践,这不仅保护了幼儿的创新思想,还推动了幼儿的创新能力。教师还是幼儿的玩伴,应以玩伴的身份加入幼儿的创新行列,隐性地推动幼儿的创新能力向深层次方向发展。

20. 制止与自护
——当体育游戏中幼儿做一些危险的尝试时

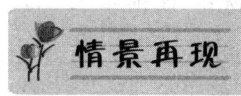
情景再现

废旧的轮胎是很受孩子们欢迎的活动器材。他们能利用轮胎想出许多玩法,如滚轮胎、跳轮胎、叠轮胎等。这一天户外体育

幼儿教师临场应变技巧60例

活动的内容便是玩轮胎。小毅是班上的"大力士",他小心翼翼地把三个轮胎堆叠在花坛一边,然后顺着花坛爬到叠好的轮胎上面,准备往下跳。这样的场景着实把我吓了一跳,我赶紧跑上前将小毅抱了下来。

临场应变

出现这样的场景,把孩子从危险的地方抱下来往往是教师下意识的行为,害怕幼儿受伤。而且幼儿园的孩子爱模仿,一些危险行为若不及时制止,极易引起其他幼儿的仿效。此情此景,除了让孩子知道此行为不被允许之外,更关键的是需要让孩子们了解"为什么不被允许"。根据以往的经验,单纯地进行批评和说教收效甚微,而活动现场又资源受限,我只能采取直观感受法让幼儿初步了解"为什么这种行为不被允许"。

把小毅抱下来之后,我把班内的孩子招呼到身边,不动声色地用脚踹了下中间的轮胎,轮胎侧面受力不均很快就倒了下来,小朋友看了都吓了一跳。看小朋友们有了直观的感受,我顺势说:"这样堆叠起来的轮胎并不牢固,极易倒塌。如果站在上面……"我还没说完,一旁的姝姝小朋友立刻接话:"会摔跤的。""是的,一旦摔下来很容易受伤。"我肯定道,"如果想从一定的高度往下跳,但又不受伤该怎么做呢?"我把"球"抛给了大班的孩子。他们七嘴八舌地开始回答。有的说:"在那里可以跳的,黄老师说的",边说边指着前面的泥地玩耍区。有的说:"用垫子(铺在地上)。"我笑着点点头,然后带着孩子们去了体育器材室,取出了两床大垫子和一只高度适宜的跳马箱。随后,我和配班老师一起保护并帮助幼儿尝试从高处往下跳。

活动结束时，我小结道："也许你觉得从这么高的地方跳下来很刺激，但是这个活动是有危险的。你要注意保护自己，往下跳的时候一定要脚尖先着地。如果下次你还要玩这个游戏的话，必须记住一定要有大人和垫子的保护才可以玩。不然，这个游戏是不被允许的！"

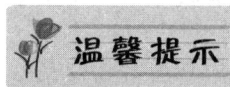

在幼儿园里，有一些幼儿，尤其是男孩子，喜欢尝试危险性动作，像案例中的幼儿那样。事实上，孩子并没有意识到危险性，只是因为喜欢挑战自我。这种情况下，教师既要保护幼儿的勇气和自信，又要帮助幼儿树立安全的意识，比如采用案例中的直观感受法。孩子的观察能力弱，自我保护意识差，对于一些潜在的安全隐患并不一定能发现。教师通过这样的方式让幼儿知道，有时候看上去牢固的东西（地方）不一定安全。此外，也不要直接否定幼儿的尝试，可以组织幼儿讨论怎样又好玩又安全，并和幼儿一起来设计安全的场地。

俗话说，"千般爱护，莫过自护"。自我保护是人类与生俱来的一种生理本能。它能够使人们对突如其来的情况采取必要的措施，达到保护自己的目的。幼儿的运动能力和自我保护能力是在不断的运动和挑战过程中形成的。受到过度保护的幼儿，不仅运动能力弱，对危险把握的能力也弱，因此，教师不能"因噎废食"，怕幼儿的安全而不让幼儿玩一些富有挑战性的运动。

(1) *应该教给幼儿一些自我保护的知识*。比如，运动之前先做些准备活动，使身体各部位更加灵活，预防和减少运动损伤的发生；从高处往下跳时，先足尖触地，然后是足跟，身体随下降的趋

势做下蹲动作，加大缓冲，减少各关节的冲击，等等。

（2）制定合理的活动规则与常规要求，并逐步帮助幼儿养成按规则和要求活动的习惯，杜绝不合理、不安全的行为发生。比如，玩滑梯时，要排好队，不推不挤，等前面的小朋友滑下去走开后，后面的小朋友才能滑下去；游戏中追逐、奔跑时，要注意观察周围的情况，以免互相碰撞；队列练习时，应该有秩序地一个跟着一个走，不能你推我、我撞你，等等。

（3）为幼儿提供既富有挑战性又安全的环境。比如，对于爬树这样的运动，幼儿就非常喜欢。教师可以在适合幼儿攀爬的树上添加一些绳子之类的辅助设施放手让幼儿去挑战。此外，教师应该有强烈的安全意识，懂得放手让幼儿玩不等于不管，要及时发现并排除活动设施与场地的安全隐患，时刻关注幼儿在活动中的情况。同时，要合理安排幼儿体育活动的时间、负荷与密度等。

21. 转移与轮流
——当幼儿相互争抢玩具时

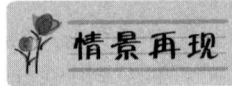

朵朵小朋友来到娃娃家，看到贝贝小朋友在玩切菜、烧菜的游戏，她也想参加，但是筐里没有小刀了，于是她一把拿起贝贝在玩的小刀，贝贝可不愿意了，就去抢回小刀。两个人就这样你争我抢，一个说："玩具是我的。"另一个说："我想玩，给我玩一下！"

第二章 个别化活动中的临场应变技巧

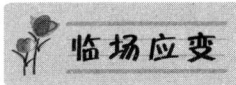 临场应变

幼儿争抢玩具（尤其是危险玩具）时，任由幼儿自己解决往往是不可行的，这时就需要教师适宜地介入转移幼儿的注意力、淡化他们要争抢的焦点，让幼儿顺利地进行游戏。

于是，我走过去拿了小锅给朵朵，并对她说："做饭不仅要有切菜的人，还需要人烧菜，你们可以一起合作，这样才能把饭菜做好哦。"然后，帮助她们把厨、灶、砧板等各种小道具摆放好，并问道："要做出美味的饭菜除了这些工具以外，还需要什么呢？"贝贝说："还要菜、盐和水。"朵朵补充道："还要碗和筷子。"通过引出这个小问题，让两个小朋友在后续的活动中有意识地去搜集相关的信息。

可是，在随后的活动中，我发现朵朵虽然玩着手上的锅，但是眼睛一直看着贝贝手上的小刀。呵呵，小孩子都有一种心理：越是得不到的东西越渴望。不过，在游戏中，他们也要学会控制自己的情绪，耐心地等待同伴玩好后再玩。于是，我故意"忽视"朵朵的表情对她说："你已经在炒菜了，是吗？可是炒菜时不能把菜放到锅里就不管了，还要不停地翻炒。否则，菜就糊掉了。你要耐心地做哦。只有认真做，做出来的饭菜才美味。"在贝贝切好两道菜后，我问贝贝："切菜好玩吗？要不要再试一下炒菜？要两样都会做，才是厨房小能手啊！"贝贝欣然同意，就这样我引导两个小朋友交换玩具，轮流玩。在轮流的过程中，两个孩子体验了不同的感觉，收获了两份满足，争抢行为也消弭于无形。

幼儿教师临场应变技巧60例

> **温馨提示**

学前阶段的孩子经常因为不会协商、不懂谦让、打抱不平、受欺负等原因发生争吵，这些对这个年龄段的孩子来说是再正常不过的事情。教师不能因此而过于责备他们，应该因势利导，在潜移默化的过程中将孩子间的矛盾化解，同时让他们知道还有比争吵更好的解决方法，让他们以后按照这样的方法顺利地解决问题。

(1) **转移幼儿的注意力，淡化他们的争执焦点。**上面的活动中，我通过转移注意力让争抢玩具的幼儿把关注点转移到其他游戏上，从而避免了继续争抢。同时，把游戏涉及的其他要素给带了出来，为幼儿提供了更多的想象和创造的空间。不过，这种方式对于低年龄段的幼儿特别适用，对于中、大班的幼儿，就不一定有效。因此，教师要根据幼儿的不同年龄、所处的不同场景来解决问题。

(2) **引导幼儿学习与同伴交往的方式。**在日常生活中，教师要提醒幼儿使用礼貌得体的语言去表达自己的请求，而不是暴力争抢，同时帮助幼儿感受成功，让幼儿在潜意识中觉得抢玩具不对。由于低年龄段的幼儿认识水平低、理解能力差，教师可以通过讲故事的方式把解决问题的方法编写在故事中。比如，小鸡对小鸭说："你的大皮球让我玩一会儿，好吗？"小鸡对小猴说："你的小汽车让我玩一会儿，好吗？"

(3) **帮助幼儿建立轮流与等待的规则意识。**轮流与等待是社会规则之一。学前阶段的幼儿必须逐渐具备遵守这种规则的能力。在游戏中，他们要学会控制自己的情绪，耐心地等待同伴玩好后再玩。同时，养成轮流玩的习惯，懂得不能一个人长时间独占玩具。这种规则意识需要教师在日常生活中不断地对幼儿进行强化，让他们知道在游戏中是不能随心所欲的，要遵守游戏的规则，游戏才会进行下去。久而久之，幼儿的自制力就会得到锻炼和提高。

22. 了解与移情
——当幼儿干扰同伴的游戏时

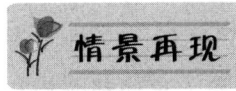 情景再现

A和E两个小朋友正在一个饮料店里忙碌，他们一会儿调制饮料，一会儿打包送外卖，忙得不亦乐乎。这时，小Z走到他们边上一会儿故意把杯子放倒，一会儿拉拉他们的衣服。正在饮料店忙碌的两个小朋友说："小Z，你别掺和了。"小Z一声不吭，趁他们不注意的时候，又开始干扰他们了。

 临场应变

当两个小朋友向我告状的时候，我的第一反应是直接批评小Z，但话还没说出口我马上意识到这样的批评并不会从根本上解决小Z的干扰行为。我需要先了解小Z干扰游戏的原因。"小Z，为什么这么做呢？"小Z好半天才嘟囔道："饮料店太简单了，哼！"我听在耳里记在心上，并没有直接教育他而是对其他小

朋友说:"饮料店急需招一个送外卖的工作人员,有谁愿意来帮忙?"小朋友们听到后争先恐后地要求帮忙。我又接着问:"饮料店的工作人员送外卖的时候需要注意哪些事情?"有的小朋友说:"需小心端饮料,不要打翻";有的小朋友说:"不能撞到小朋友,不然会把人家衣服弄脏的";还有的小朋友说:"要收钱的。"……我又问:"那么谁能做到上面说的那些呢?"这时只有几个小朋友说自己能做到。我问小Z:"这份工作简单吗?你觉得自己能做好这件事吗?"小Z摇了摇头,继而又肯定地点点头。

温馨提示

面对幼儿的调皮、捣乱行为,直接的批评无疑是立竿见影的,但效果是不是最好?能否从根本上解决问题?这些都是要打一个问号的。

对待这样的幼儿,教师要分析幼儿产生问题的原因,在尊重事实的基础上合理引导。教师应坚持正面教育,利用幼儿本身的积极因素去克服其消极因素。"移情"就是一种很好的方法。所谓"移情",是指在对事物进行判断和决策之前,将自己处在他人的位置,考虑他人的心理反应,理解他人的态度和情感的能力。教师经常会把"移情"运用到对幼儿的教育上。比如案例中,通过让干扰同伴游戏的幼儿了解游戏所需要的责任感和能力,感受自己之前的所作所为是不当的。

当幼儿干扰同伴时,教师可以采用非言语的策略,如目光的注视、眼神传意、体态暗示、身体触摸等;还可以采用言语的策略,如表扬正面行为,如"××小朋友有进步哦,他也想玩那个玩具,可没有像往常一样用抢的方式而是说好听的话解决问题"。

这种适时的点拨和提醒，既让干扰同伴的幼儿认识自身的缺点，又不伤他的自尊心，同时又能维持活动的秩序。

幼儿"干扰"同伴的行为不是一两天形成的，当然也不会在短时间内消失，教师要有打持久战的心理准备，一时攻克不了的要耐心等待，要相信只要有足够的爱心、耐心和恒心，最终会收到"从量变到质变"的效果。

此外，好动是幼儿的天性，而玩具是幼儿的"天使"。教师要为幼儿提供足够的材料和玩具、学具，让幼儿有东西可玩、可操作。这样，他们手里有"事"干，就不会到处乱跑，干扰别人了。

23. 倾听与帮助
——当幼儿被同伴拒绝时

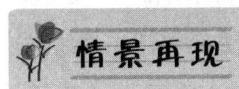情景再现

吃完午饭后，几个男孩子把小椅子摆成一条"长龙"，在玩开车的游戏。游戏气氛相当热烈，吸引了在一旁看书的豆豆，他搬起小椅子想参与到游戏中。突然，轩轩说："我不要你跟我们一起玩。"豆豆说："我也想开车。""我才不跟你一起玩呢，你老是拿手擦鼻涕"，轩轩大声地拒绝。豆豆上前把椅子放在"长龙"的最后，轩轩则把豆豆的椅子移开……眼看一场冲突即将拉开帷幕。

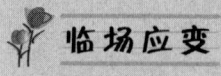

我该怎么办呢？我决定先做一名倾听者，让冲突双方的对立情绪得到适当的释放，让他们体会到老师能理解他们的行为，然后帮助他们明确冲突的原因，想办法帮助被拒绝的幼儿进入游戏。

"这是怎么了？"我对着轩轩和豆豆说道。于是，轩轩开始描述事情的经过。"哦，原来是这样的。轩轩你并不是讨厌豆豆，而是因为豆豆不讲卫生才拒绝他和你们一起玩，对吗？"轩轩点点头。我紧接着又问："如果豆豆能把鼻涕擦干净，你会欢迎他进入游戏吗？"做出肯定的答复后，轩轩转身继续游戏，而我则摸摸豆豆的头说："小朋友们都不愿意跟你玩，你知道为什么吗？"他点点头。"那以后要怎样做，大家才会喜欢你，愿意跟你玩呢？"他小声地说道："不能用手擦，要用餐巾纸。""说得很好！"我肯定道。之后，豆豆很快擦净了鼻涕洗净了手，然后拉着我的手眼睛不住地看向开汽车的孩子们。我鼓励豆豆："豆豆，你现在已经非常干净了，想参加游戏试试用好听的话和轩轩他们说，好吗？"豆豆听到后用怯怯的声音问："我们一起玩好吗？"轩轩等几个小朋友都表示愿意。

温馨提示

当幼儿间存在拒绝行为时，教师应该怎么办呢？教师有三点事项需要注意：

（1）允许幼儿合理拒绝行为的存在。每个幼儿的生活环境不同，其兴趣、需要、能力等方面也存在差异，教师应尊重幼儿的个性，允许幼儿合理拒绝行为的存在。拒绝是幼儿在认知、情感和意志发展中遇到冲突时的一种表现，是幼儿自我意识发展的产物，也是幼儿适应生活、学会生存的必要技能。教师发现幼儿有拒绝行为时，不必一味地制止，不能以成人的眼光去衡量，认为拒绝是不礼貌的表现，而是要从幼儿的角度去理解他们的行为。教师应该把幼儿合理的拒绝行为看成是促进幼儿社会性发展的一种方式，抓住这一教育契机为幼儿的发展提供支持。

(2) **指导幼儿合理地运用拒绝行为**。教育必须既符合幼儿的现实需要，又有利于其长远发展。拒绝是幼儿个性化成长的需要。教师在允许幼儿存在拒绝行为的同时，还要让幼儿懂得什么能拒绝，怎么来拒绝。首先，教师要让幼儿明白：当你破坏规则、做错事情时，对于别人的劝阻和指正是不应该拒绝的；但是当同伴不合理的要求或是不合适的支配要强加于你时，你就应该有拒绝的意识。其次，教师要让幼儿学会一些拒绝的技巧，比如采取友好的态度表示拒绝，或是向同伴说明自己拒绝的理由。特别是在处理因拒绝引发的冲突时，教师更要帮助冲突双方寻找引起冲突的原因，究竟是施动幼儿的意图表达不恰当，还是受动幼儿的拒绝方式不恰当。在找出原因之后，教师就能引导幼儿针对自身的不足加以改进，以此促进幼儿交往技能的发展。

(3) **帮助经常被拒绝的幼儿积极进行交往**。被拒绝的幼儿往往是班级中的弱势群体。有关研究表明，如果按照在班里的社交地位来划分幼儿，那么每个班里一般来说约有10%～22%的被拒绝幼儿。一项追踪5年的研究表明，如果不进行干预，这些被拒绝幼儿的社交地位将持续下去，不会有什么改善。非但如此，被拒绝幼儿还是幼儿园里的低成就者，而且在成年以后较易

出现偏离社会的行为。因此，针对这类幼儿的教育干预是极其必要的。教师应当向这些幼儿传授关键的社会交往技能，以提高他们受同伴欢迎的程度。比如引导他们学会倾听别人的想法、平静地陈述自己的意愿、与别人达成共识，等等。同时，教师要以自身的行为为幼儿树立榜样，引导其他幼儿关心、爱护被拒绝的幼儿，向他们表达积极的情感，让他们在宽松的人际氛围中进行同伴交往。

24. 沟通与陪伴
——当幼儿游离在游戏之外（独自游戏）时

情景再现

区域游戏开始了，小朋友大都很快选择了自己喜欢的地方玩了起来，只有小羽一个人站在教室中间，低着头一声不吭。我走过去询问："小羽，你想玩什么？选个地方去玩吧！"小羽还是不吭声。经过我再三引导，小羽说不想玩。

临场应变

看到小羽兴趣缺缺的样子，我也有点纳闷，这是怎么了呢？我知道这时简单的介入不一定奏效，我需要从新材料的投放、幼儿游戏经验的提升和扩展、与幼儿共同游戏等方面下功夫。

于是，我耐心地问："是因为不知道玩什么？还是因为不知道游戏的玩法？"看着小羽的表情，我觉得他是因为不了解游戏的玩法而产生自卑感，进而不愿意参加活动。于是，我对他说："老师陪你一起玩，好吗？"我把他带到他最喜欢的建构区，手把手地教他怎么搭"罐子"，怎么铺"马路"，慢慢地小羽的兴趣被调动起来了，他要求独自尝试一下，这正是我想看见的。

之后，小羽凭着自己的想象力，搭建了不少房子。然后，我引导其他小朋友在小羽搭的物品周围也建立一些"建筑物"，这样会让小羽觉得这是一个大集体。当其他小朋友参与进来后，小羽也不再觉得孤单了，还会时不时与其他小朋友讨论一下该怎么做才能做得更好。

温馨提示

幼儿不参与游戏有很多原因，如缺乏安全感、胆怯、对游戏内容不喜欢、不了解游戏规则等。教师只有在真正了解原因之后才好对症下药，切不可强行要求其加入其他活动，这只会起反作用。比如，上面的活动中，我通过与小羽沟通，了解到小羽正是因为对游戏规则不了解而害怕参与游戏，进而引导小羽逐渐融入到游戏中。

通常，"游戏三部曲"能较好地帮助幼儿从不愿意游戏转向主动参与游戏。三部曲包括教师"陪伴游戏"、同伴"陪伴游戏"和主动参与游戏，这需要一个漫长的过程。比如，案例中的小羽今天愿意参与游戏了，明天也许就不愿意了。因此，教师对于这些幼儿要特别关注，要持续跟踪一个阶段，帮助幼儿结识志同道合的好朋友，逐步从"三部曲"过渡到"二部曲"，再到自主投入游戏的"一部曲"。

不过有一点要注意，教师在与幼儿沟通的过程中，语言要适当且通俗易懂，还要注意倾听幼儿的表达。幼儿的表达方式可能不准确，或者不连贯，教师要引导他们说出准确的意思，了解他们内心的真正想法，并及时调整自己的策略。

25. 认可与支持
——当幼儿生成新的角色游戏主题时

情景再现

"飞机场"里不时有飞机起降！"空姐"和"飞行员"忙得不亦乐乎。这时乐乐来到"飞机场"说："我要去香港。""好的！系好安全带！"空姐拉拉说道。"香港到了！""那我现在要坐地铁！"乐乐大声地说。空姐拉拉说这里没地铁。乐乐跑到我这里，对我说："老师老师，我想玩地铁的游戏……"

临场应变

幼儿在独立自主地进行游戏时，他们的自主精神得到进一步发挥，开始驾驭、把握自己的游戏，创新发明许多新的玩法。作为教师，应尽可能地支持他们新的主题想法。

乐乐提出的新想法很有意思，于是我以鼓励的目光看着他示意他继续说。我问："你看到过地铁吗？"乐乐说："我在香港坐过地铁。""那地铁是什么样子的呢？你能说说吗？"原来在"公交车"上的几个孩子也都围了过来。乐乐说:"长长的,有点像动车。"他想了想又补充道:"地铁不会转弯,两头都能开。""哦,原来是这样啊,老师也学到了知识。"这时,一边的豆豆说:"我在多伦多也坐过,要买票的,刷的时候会'滴'的叫一声!""那你们打算怎么玩呢?"我问。豆豆说:"那我们把公交车改成地铁吧?""嗯,这个主意不错。"我肯定豆豆的想法,"如果现在就玩,你们需要一些什么呢?"乐乐说:"要有磁卡,要刷卡才能进去。"我故作为难的样子说:"那可怎么办,现在哪里有磁卡呢?"手疾眼快的乐乐顺手拿了一张活动区的纸牌说:"用这个,用这个。"很多孩子愿意玩这个游戏,豆豆一下子变成了小指挥,开始给大家分工……

在游戏结束的讨论中,孩子们还围绕下一次用什么做地铁票、地铁车厢还可以用什么来制作、怎样制定地铁站的游戏规则和乘客须知等问题进行了讨论,并一起想出了很多实用的小方法。

温馨提示

游戏中,幼儿突发奇想生成新的游戏主题的情况经常发生。有的幼儿会求助于教师,有的幼儿会自己玩起来。上述活动中的幼儿把生成新游戏的想法告诉我时,我没有告诉孩子怎么玩,也没有把孩子需要的材料直接给他们,而是"故作为难",通过讨论,让孩子自己想办法解决。通过这样的有效引导,促进了游戏的顺利开展,幼儿如愿以偿地玩上了生成的新游戏。

角色游戏的过程是创造想象的过程,幼儿在游戏中的创造想象表现在两个方面,一是模仿成人的角色扮演,二是使用各种玩

具和游戏材料,包括一物多用,以物代物等。角色游戏使幼儿能充分表达自己的意愿,自定主题,自定角色,自己设计游戏情节。角色游戏的特点让教师不宜过多干涉幼儿的游戏。当幼儿出现新的游戏愿望时,教师应该:

(1) **认同幼儿新的游戏想法**。幼儿在角色游戏的过程中,常常会由一个游戏生发出另一个新的游戏。教师对幼儿新游戏的认同态度很大程度上影响幼儿继续游戏的愿望。因此,教师要极力表现出对幼儿想法的认可,鼓励幼儿尝试着将游戏进行下去。

(2) **用"延迟满足"的方式支持幼儿的游戏**。幼儿出现新的游戏想法时,往往需要得到教师的帮助和支持。教师不要急于满足幼儿的要求,可以运用"延迟满足"的方式,给幼儿自己解决问题的机会。角色游戏时,幼儿会运用大量的替代物,替代物的使用使游戏有了真实的内容,也从另一个侧面反映了幼儿想象力发展水平的高低。因此,对于大班幼儿,教师要善于启发幼儿自己寻找替代物,发挥他们的想象力,提高他们想象替代的能力。

(3) **谈话讨论帮助幼儿回忆游戏经验**。谈话讨论可以调动幼儿的学习主动性、积极性,培养他们的思考能力和独特见解,也有利于幼儿之间的相互交流,拓宽幼儿的知识面。当幼儿的新游戏开展到一定程度时,需要深入和拓展,教师通过与幼儿的谈话,可以帮助幼儿回忆生活经验,寻找游戏中的问题,商讨解决的方法,这是非常有必要的。教师要重视游戏后的谈话环节,为新游戏的深入起到推波助澜的作用。

第二章 个别化活动中的临场应变技巧

26. 协助选择
——当幼儿出现选择性困难时

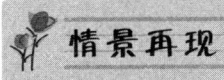

这学期，我在区域活动中增加了操作性学习内容，并为孩子们准备了三十几份材料。由于是新增的活动内容，开始几天，孩子们有些不太适应。一周过后，当大部分孩子都能迅速地找到自己想要的材料操作起来时，我却发现嘟嘟一直在柜子边晃来晃去，看看这个，摸摸那个，眼睁睁地看着操作筐被同伴一个一个拿走，自己却想不好拿哪种材料。

临场应变

这让我想起上次区域活动的时候，嘟嘟也是因为这样没有玩成。上次我之所以没有干预，是想看看他最后能否选择好材料，并且在活动以后，我问过嘟嘟为什么不拿，嘟嘟说，觉得每样东西都很好玩，但想不好玩什么。看来今天自己不能置之不理了，要不然一个小时又被他这样浪费掉了。我来到嘟嘟身边，问道："嘟嘟，还没有想好玩什么呀？"嘟嘟说："嗯，我都想玩，但又想不好玩哪一样。"我扫了一眼柜子，发现上面还有十几份材料。我决定和嘟嘟一起来选。

我把嘟嘟带到操作筐前，指着一份做机器人的材料，问："这个做机器人的材料，你觉得好玩吗？"他说："好玩。""那你为什

么不拿来玩呀？"我问。他扭扭身子说："这个机器人不是彩色的。"我又指着边上的一份彩色拼图问："那这个彩色百变拼图一定是嘟嘟喜欢的。"嘟嘟又摇摇头。我又把一份"数豆子"的材料放在嘟嘟面前问："那这个玩豆子的游戏呢？"嘟嘟轻轻地说了一声："好像以前玩过的。"看到嘟嘟左不是，右不行的，我没有着急，而是笑眯眯地对他说："今天，你一定要选一份材料玩。这里有5种不同的材料，都有它们好玩的地方，而且你都没玩过。现在我们玩个游戏，老师闭上眼睛倒计时，从十数到一。数完后，我睁开眼睛，如果你选好了就是你赢了，待会儿中午吃完饭后，我会奖励你分图书。玩不玩？"我知道分图书是嘟嘟最喜欢的事情。果不其然，他爽快地答应了。于是，我闭上眼睛开始数数，还从眼缝里偷看他。嘟嘟犹豫了一会儿，还是选了机器人，说："老师，我选好了。"我睁开眼睛，夸奖他："哎哟，嘟嘟赢了。好，现在去玩吧，中午请你分图书。"

温馨提示

在区域活动过程中，当幼儿遇到选择性困难时，教师应该怎么做呢？

（1）**不要急于帮助，给幼儿时间做选择**。我们知道幼儿的性格各异，有的幼儿能很快地找到游戏材料、伙伴，能和伙伴友好协商达成共识进入游戏；有的幼儿则到处转悠未有结果。教师不能搞一刀切，更不能急于帮助未做决定的幼儿，代替他们做决定，而应该仔细观察、了解幼儿，给幼儿时间，让他们做出适合自己的选择，循序渐进地培养他们自身的独立人格。这也就是孔子所说的因材施教。

(2) 引导幼儿自己分析，克服困难。做选择，势必要从若干个选项中挑选，它不像掷骰子是完全随机的，而要做得相对正确，最关键的还是要教给孩子们分析的方法。所谓授人以鱼，不如授人以渔，方法决定结果。一般情况，有选择困难的幼儿遇到的选择越多越难选。因此，教师可以帮助幼儿设定一个目标，或减少选择的范围，让幼儿逐步由少到多地选择，逐渐提高他们的选择能力。有时候，有些孩子做决断时会显得非常犹豫，教师在这个时候就需要多多给他们鼓励，提高他们的选择的果断性。

(3) 通过各类游戏，提高幼儿的自信心和果断性。幼儿遇到选择性困难，很多时候是因为自信心不足。教师可以根据幼儿的兴趣、感受、需求等为他们量身设计一些游戏，帮助他们积累经验，感受社会，体验成长，树立起自己的信心，培养出相对乐观阳光的性格。游戏虽然和正常的教学有所差别，但在游戏中，孩子们仍然有许多东西可以学到，因此老师们在布置游戏时，应当注意培养孩子的判断能力。孩子们有时靠直觉做出的选择，会是更为简单准确的判断，教师不应予以抹杀，应该适度地鼓励这种判断，这对孩子的想象力、自主能力的发展都是非常有益处的。

27. 平静与移情
——当幼儿说脏话时

洋洋是个模样讨人喜欢的小男孩，但是有个不招人喜欢的

毛病，就是他在跟别人说话时，常常会冒出一两句脏话来，比如"你是蠢猪啊！""赶快滚蛋"，等等。上周五是我们的玩具分享日，他带了一个变形金刚的玩具到幼儿园。越越见了很喜欢，就跟他说："洋洋，你的变形金刚怎么玩，教我好不好？"洋洋很痛快地答应了，然后教越越一起玩。教了几遍之后，越越还是不懂的样子，结果洋洋不耐烦了，抢过自己的玩具，说了一句："你怎么笨得像猪一样，赶紧滚开吧！"听到这句话，越越"哇"地一声哭了出来。

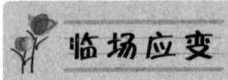

我赶紧将两个孩子隔离开来，一边安抚越越，一边准备批评洋洋。但是看着洋洋那无所谓的表情，我意识到，批评也许不是最好的方法。显然，洋洋说脏话的行为已经超出了"出于好玩无意模仿"的范畴，完全是针对事情本身而进行的有意识地发泄。其实之前针对洋洋说脏话的行为，几位老师已经做过提醒，但是每次提醒之后他只能克制一段时间，过不了多久脏话就会"死灰复燃"。显然，他并不觉得自己的行为有什么不对，而说脏话的过程也确实给他带来宣泄不良情绪的快感，因此他才一而再、再而三地将脏话挂在嘴边上。

怎样才能让洋洋意识到错误，并纠正行为呢？对于已经形成习惯的不良行为，确实难以在短时间内让其发生改变，但是如果孩子能够接受教育并配合，纠正便只是时间的问题，因此解决的第一步便是引导洋洋自己发现错误。我把洋洋叫到身边，问他："洋洋，你能不能告诉我'笨得像猪一样'是什么意思？"洋洋说："就是她太笨了，我教了她那么多遍她都没有学会，教得我都烦死了!"我听完继续问他:"越越很笨吗?我怎么不知道。我好像记得上次做纸工还是下课以后牛牛教会你的,而越越呢,老师一说她就会了。看起来,好像她比你聪明呢。"洋洋听完不说话了,我笑着说:"洋洋你看,老师说你不如别的小朋友聪明,你便有点儿不高兴了,那假如别人对你说'你笨得像猪一样',你会怎么想呢?"洋洋瞪着我,眼眶红红的。"其实我知道,你不是故意要说越越笨,只是因为你着急了忍不住才说的,对吧?其实这样的情况老师也遇到过呢,一些小朋友教了他们一遍不会,教两遍不会,教很多很多遍还不会,老师也会又急又气想要发火!"洋洋看看我说:"可是你忍住了。"我很肯定地说:"是的,不管怎么样都要忍住,因为我知道有些话说出来,小朋友听了心里会难过、会受伤的!你不愿意别人说你笨,自然别人也不愿意被你说笨,大家都是一样的!"洋洋说:"那我下次不会了!""如果我是越越,也许下次会不愿意跟说自己笨的小朋友一起玩了!"洋洋很快就领会了我的意思,主动去和越越道了歉。

接下来的日子,我和洋洋做了一个约定,每天记录他说脏话的次数,比前一天减少一次奖励一个贴纸,争取彻彻底底地将他的坏毛病改掉。也许是因为孩子心中有了目标,通过一周的努力,洋洋已经能够很好地控制自己,喜欢和洋洋一起玩的孩子,也一天天多了起来。

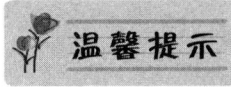

按照幼儿的心理发展水平,幼儿说脏话的行为可以分为三个层次。第一层次是模仿性地说脏话。低龄的幼儿往往缺乏是

非观念,听到周围环境中一句骂人的话,他觉得很好玩就会跟着模仿,这是幼儿说脏话最普遍的一种心理。第二层次是习惯性地说脏话。如果第一层次幼儿的模仿性脏话没有得到及时地制止和控制,甚至反而得到成人的默许或者赞赏,那么久而久之幼儿说脏话就会成为一种习惯。第三层次是有意识地说脏话。当幼儿具备一定的语言理解能力之后,他们说脏话除了出于好玩心理、互相模仿外,还具有一定的选择性。他们能够初步理解脏话的含义,并对特定的对象说脏话,这就是一种有意识的行为。当然,也有些幼儿是在与小伙伴发生矛盾或者受了欺负时被迫说脏话,以说脏话来发泄自己的不满。教师在处理问题前应当先做判断,以了解所面对的幼儿说脏话的行为正处于哪个层次。

显然,案例中的洋洋说脏话的行为属于第三层次。通常在针对第一、第二层次的行为进行应对时,教师应当避免做强化幼儿说脏话的行为。在幼儿刚刚开始说脏话的时候,如果教师表现出过度紧张或气愤的样子,幼儿有可能会认为脏话是一种特别的语言,从而刻意地将其记住。所以,当遇到幼儿说脏话的时候,教师应该尽量保持平静,让幼儿觉得脏话跟其他的语言并无差别。一旦幼儿觉得这些词语无法引起别人的注意,就会觉得无趣,不会再去故意接触这些词汇了。最不可取的是,教师在面向全体幼儿的情况下,用批评的方式针对该幼儿说脏话的行为进行说教,这不但对该幼儿的不当言语进行了强化,还给了其他幼儿一个接触和熟悉不当词汇的机会,结果只能是适得其反。

第三章

生活活动中的临场应变技巧

辰辰连续两次打翻饭菜后,教师故意大声地说:"没关系,今天的饭菜很多。来,再给辰辰盛一大碗吧。"辰辰马上着急地嚷起来:"不要多盛,里面有青椒,我不爱吃……"原来,辰辰两次打翻蔬菜是因为不爱吃青菜。

生活中,孩子们会有各种不良的习惯。智慧的教师会智慧地发现孩子的"小心眼儿";宽容的教师会等待孩子自己成长;理解孩子的教师会为孩子创造"玩"的机会……幼儿园是孩子刚刚走上人生之路的第一所学校,走好这一步很重要。在可爱的孩子们"使坏"的时候,本章的11个临场应变技巧,告诉教师如何充满爱与关怀地扶着孩子走好这一步。

28. 寻找与安抚
——当刚入园的幼儿试图逃园时

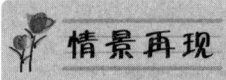

午睡起床的时候，我和保育老师照例一起在午睡房帮助小朋友穿衣服。能干的童童很快就自己穿好衣服和鞋子跑过来对我说："老师，我到教室去了！"我快速地帮她抚平领口、塞好裤子说了声"好"，便去继续帮助其他孩子。待到所有的小朋友都穿戴整齐回到教室开始吃点心的时候，保育老师突然问："童童呢？"我赶紧寻找，童童的座位空空的，午睡房没有她，盥洗室也没有她，而原本关着的教室门，此时正敞开着。最不愿意发生的事还是发生了！

临场应变

我快速回忆入园以来童童的各种表现：这是个聪明能干的女孩子。在开学第一周班里还有许多小朋友哭闹不休的时候，她已经能自己坐在位置上摆弄玩具开心地玩。喝牛奶、吃饭的时候，她也特别配合，几乎不用老师喂，自己就能大口大口把碗里的饭吃完。每到起床时间老师忙个不停地给其他小朋友穿衣服的时候，童童能够自己独立完成。看起来，童童在幼儿园这个新环境中适应得很好。只是，每次到户外进行体育活动的时候，除了玩她最爱的滑滑梯，童童特别喜欢东张西望，尤其是在玩幼儿园大门附近的摇摇车的时候,童童总不愿意坐进摇摇车里玩,而是喜欢一个人盯着大门看好久……我想,她不是在活动器具上就是跑到外面去了。

我赶紧将班里的其他孩子交给保育老师看管,自己冲出教室寻找。时间过去没多久,童童应该不会离开太远,所以我迅速地检查教室附近童童最喜欢玩的游乐设施看有没有她的踪迹,随后我又立即往幼儿园大门的方向找。果然,我很快就在幼儿园门口发现被保安拦截住的小姑娘。童童缠着保安说:"我认识回家的路,你看我都从教室走到幼儿园门口了,我会记路的。"保安忍着笑把童童交给我,我谢过保安,牵起童童的小手慢慢地来到滑梯边,并且把她抱了上去,童童怯生生地问:"我们不去教室啊?"我笑着说:"是啊,我们在幼儿园里你最喜欢的地方待一会儿,好不好?"童童点点头,然后追问:"你不批评我吗?"我说:"想回家我是不批评的,我也想回家啊。"童童听完瞪大眼睛:"那你怎么不回去呢?保安叔叔肯定让你走的。""可是,现在我应该在幼儿园里照顾小朋友呀,就像你现在应该在幼儿园里乖乖地做游戏、学本领一样。"童童听了低下头,小声说:"我想奶奶了,奶奶说她在家也想我的。"我说:"那你放学回家不就可以见到奶奶了,奶奶会在家里等你的啊。"童童说:"我现在就想看到奶奶,我想知道奶奶现在在干吗?"我说:"那我有个办法,我们现在打个电话问问奶奶她在干什么不就好了?"童童答应了,于是开始和家里通电话:"奶奶,你不要自己一个人去遛公园,要等我回家一起去!奶奶,我昨天玩的那个芭比娃娃你不要给我收掉,我还要玩的!奶奶,你今天买了什么菜?奶奶……"等小女孩事无巨细地将所有想问的问题问完之后,乖乖地把手机还给我,心满意足地跟着我回到教室。

事后，我和童童的家人进行了沟通，让童童回家和家人分享自己在幼儿园里发生的事，也让童童的家长和孩子说说自己小时候上幼儿园的事。此后，童童很想奶奶的时候会说："现在奶奶肯定在隔壁打老K"或者"奶奶好像在收衣服了"……她再也没有"逃跑"过。

温馨提示

孩子试图逃离幼儿园，应该是教师最不愿意见到的事。比起大哭大闹吵着要回家的孩子，那些不声不响悄悄地从教室里溜出去的孩子更令教师头疼。可是，再不情愿遇见，孩子逃园的事件还是偶有发生，所以教师必须做好足够的心理准备，以应对突然发生的状况。而逃园事件一旦发生，教师须保持冷静，并且及时采取相应的措施。

(1) 第一时间找到孩子。一旦确定孩子离开了视线，教师必须尽快将孩子找回。此时，教师必须保持冷静，快速回忆搜寻孩子有可能去的地方。因为是新入园的孩子，他们逃园最主要的目的不外是想要回家，所以从教室到幼儿园大门口的一路是最需要教师搜寻的地方。此外，也有调皮爱玩的孩子，因为暂时还没有规则意识，擅自离开教室玩耍，所以园区大型游乐设施也是搜寻的重点。当然，还有一些想要"躲起来"的孩子，因此幼儿园内一些隐蔽的阁楼、小房间也是教师不能忽视的地方。

如果教师在第一时间内未能找到孩子，则需要及时通知幼儿园的保安和其他的园区工作人员，观看监控录像全面搜索园区，判断孩子是否离开了幼儿园。一旦发现孩子已经离园，则应当尽快通知孩子家长并且及时报警。

第三章 生活活动中的临场应变技巧

（2）**理解与安抚孩子**。找到孩子之后，教师需要针对逃园事件与孩子进行一次全面的沟通。首先，需要确保孩子的情绪稳定。会选择逃园的孩子未必会因为事件的本身而感到恐惧，却会因为成人的激动情绪受到惊吓，所以这时教师的平心静气尤为重要。教师不妨选择一个能够让孩子放松的环境，让孩子消除紧张的戒备心理。其次，用理解的心态解读孩子。孩子会"铤而走险"离开教师的保护，自然有他们的原因。新入园的孩子存在分离焦虑，对家人的想念在所难免；而对幼儿园新环境以及集体生活的不适应，也是驱使孩子离开的重要缘由。"想回家"是很多新入园孩子的最大诉求，教师可以用同理心的方式引导幼儿说出真实想法，有针对性地解开孩子的心结。就如案例中的童童，她只是想要知道自己的家人在做什么，愿望得到满足后，她就能安心待在幼儿园里。

（3）**事后的处置与预防不容忽视**。发生幼儿逃园事件，事后的妥善处理也是不可忽视的。譬如，如何与孩子的家长说明事情的经过，如何家园配合进一步帮助孩子调整心态适应幼儿园环境等，都需要教师多多思考，机智应对。此外，为了避免同类事件再次发生，教师采取进行相应的预防措施：第一，对孩子的情绪给予更多的关注，及时发现孩子的异常行为，并留意其动向。第二，适时进行安全教育，帮助孩子树立保护自身的安全观念，培养孩子的规则意识。第三，为孩子创设温馨愉悦的环境，让孩子真正喜欢和老师小朋友待在一起，真正地爱上幼儿园。

29. 宽容与引导
——当幼儿打翻饭菜时

情景再现

午餐时间，孩子们安安静静地坐在位置上埋头用餐。我把辰辰刚刚打翻的饭菜清理干净重新盛好饭，然后小声地提醒孩子们："宝贝们，小椅子靠近桌子坐，把两只小碗放好，当心不要打翻噢。"话音刚落，只听"啪"的一声，只见辰辰的碗又被打翻在了地上，蔬菜和米饭再次撒得一地都是，而辰辰则两眼直勾勾地看着地上的碗。旁边的小朋友略带埋怨地说："你怎么又打翻了？"一听这话，辰辰开始眼眶红红地看向我："我不是故意的！"

临场应变

连续两次打翻饭菜，据我的观察，辰辰不是不小心，因为平时很少有这种情况发生，估计是饭菜里面有他不喜欢吃的东西。我故意没有看辰辰，而是对保育老师说："我们今天的饭菜还剩下很多吧，幸好幸好，打翻了就再盛一碗好了。"然后，我特地强调了一句："如果辰辰爱吃，我们再多盛一些给他吧？"保育老师马上会意，说："好的好的，我这里还有两大碗，全部给辰辰好了！"辰辰听完马上着急起来："我不爱吃里面的青椒，不用给我多盛的！我就吃一小碗就好了！"我接口说："原来是这样啊，辰辰不爱吃青椒呀，你说了我才知道呢，那我们就少吃点儿好了，你就吃几小口，吃完就可以啦！"辰辰如释重负般点点头，马上自觉地埋头吃了起来。

辰辰将所有的饭菜全部吃完并放好碗后，就远远地看着满地的狼藉发呆。我故意问坐我旁边已经吃完饭正在游戏的纯纯："我们之前说过，遇到问题怎么办？"纯纯马上不假思索地回答："解决问题！"我又问："那么谁来解决呢？"纯纯说："先自己想办法呀！"我看看辰辰，又看看满是饭菜的地面。辰辰见状马上折回自己的座位，蹲下来开始将饭菜捡起来。拌了菜汤的饭粒又黏又油，特别不好捡，向来爱干净的辰辰一边捡一边皱眉头。我拿来扫帚、簸箕来到辰辰身边问："很不好捡吧？需不需要我帮忙？"辰辰点点头，我一边清扫一边问他："我猜你刚才一定在想，要是我没有打翻就好了，对不对？"辰辰用力地点了点头。于是，我笑着对他说："那我要不要来猜猜看，你的饭碗什么时候又会被打翻呢？"辰辰很认真地说："老师，我下次不会了！"我说："我猜就是，你看这么好吃的饭菜浪费了多可惜，而且地板被弄脏了收拾起来也很麻烦呢。对吧？"辰辰想了想，然后很肯定地说："是的，我下次保证不会了！"

温馨提示

打翻饭菜这样的小事在幼儿园的日常生活中时有发生，尤其在托、小班，孩子的行为控制能力还不是很强，进餐时不小心碰倒饭菜的情况难以避免。但是，随着孩子心理发展水平的提高，打翻饭菜的现象也会变得"复杂"起来，就如案例中的孩子。所以，教师在处理孩子打翻饭菜的问题上需要多加考量与斟酌，做到"有的放矢"。

(1)**快速判断幼儿打翻饭菜的真实缘由**。幼儿打翻饭菜的原因多种多样,但是性质不外两种:无意和有意。如果教师能够在第一时间做出判断,之后的处理方式就会更为恰当和有针对性。在绝大多数情况下,打翻饭菜是因为幼儿肢体动作的不协调造成的,他们在拿取、移动等过程中没办法灵活地避开自己或他人的餐具就会将其碰翻。遇到这种状况,我们教师只需要完成三步:及时清理;安抚和提醒孩子;重新盛饭。需要特别说明的是,遇到较为内向和胆怯的孩子,安抚的环节教师需要做得更为温和细致;而对于那些因为孩子注意力不集中造成的"不小心",教师的提示则需要让孩子足够警醒。

比起无意的行为,孩子有意打翻饭菜的状况更加需要教师注意并妥善处理。判断孩子的行为是否有意,靠的是教师对孩子的了解以及细致入微的观察。事情发生后,教师应该快速思考,是不是行为能力较弱的孩子发生的?今天的菜是不是这个孩子平时不爱吃的?孩子有没有情绪问题?孩子是不是不舒服?还有一个简便的方式是换位思考,即以孩子的视角看待问题,教师往往很快就能发现症结所在。就如案例中提到的辰辰,在他眼中,打翻饭菜的"无心之过"与老师们平时极力批判的"挑食"行为比起来,显然后者性质比较严重,所以他用打翻饭菜的行为来掩饰自己不想吃青椒的目的。

(2)**"宽容"对待幼儿的真实诉求**。引导孩子坦诚地表达自己的想法,是教师面对孩子的"有意"行为时必然会做的。循循善诱也好,用激将法也好,教师首先让孩子自己说出缘由来,这是教师选择采取何种处理措施的最好依据。上述事件中,我用与其意愿逆向的情景假设诱导孩子说出了自己真实的诉求。为挑食而掩饰,是孩子的目的,但是此时教师如果立即对他进行批评教

第三章 生活活动中的临场应变技巧

育，可能会有短时的震慑效果，但是不能避免类似或其他的掩饰行为的发生，甚至会让孩子后悔自己的"坦白"。所以，对于孩子的诚实表达，教师必须对其报以足够的宽容，尽可能地平静对待。教师要告诉自己，会采用掩饰的方式的孩子其实都已经意识到自己行为的错误性，而此时正是让孩子学会诚实的极好契机，教师的淡然处之会让孩子有机会自我反省。

（3）**引导幼儿主动面对问题**。深层剖析并非处理事件的全部，教师还需要引导幼儿经历一些步骤让解决变得"深刻"。旁敲侧击无疑是帮助孩子面对问题的一个非常好的方式，就如案例中所呈现的，只需要教师几句小小的提示，孩子就会明白自己应该怎么去做，这远比直接命令或要求"他自己收拾干净"有效，因为主动地选择总是比被动的驱使心态积极许多；而让孩子自己处理的最终目的，也是为了让其学会面对。在这一过程中孩子会明白，满地的狼藉以及收拾的不易，都是自己的行为所必须承担的后果。如此现实直观的经历会比说教或者批评带给孩子更为深刻的印象，而最后教师介入的过程则是帮孩子将这一印象进行再一次的梳理和信息提取，让孩子对这件事的记忆变得更为清晰明了。

30. 示范与说服
—— 当幼儿不爱喝水时

情景再现

　　天气一天天地变冷，孩子们喝水的自觉性越来越差了。每次孩子们喝水的时候，我和保育老师都得不停地提醒："要多接点水哟！"、"小朋友要多喝水才不容易感冒噢！"大多数孩子都能在要求下"努力"喝水，可是航航就没那么配合了，不是背着老师只接一点点水，就是偷偷地去盥洗室把水倒掉。这天航航正要把水倒掉时，被纯纯发现了，纯纯马上很严厉地"指责"航航，航航不服，气鼓鼓地说："要你管！老师自己都不喝水的！"

临场应变

　　听了航航的话，我觉得孩子抱怨得合情合理，我自己都没有做到，凭什么要求孩子必须达成呢？看来要让孩子能够好好喝水，我必须从自己身上下功夫才行。但是，即使"榜样的力量是无穷的"，可喝水不是一朝一夕的事，带班教师不可能次次给孩子们做示范，因此要想让孩子们真正自觉主动地喝水，教师光喝水给他们看是远远不够的，还需要好好研究下孩子们不爱喝水的原因，这样才能有的放矢、一击即中。接下来的几天时间里，我仔细地观察了孩子们的喝水过程，发现大多数不爱喝水的孩子接水都有个共同点——不接或很少接热水。大概是从小到大家长对孩子们的安全意识灌输根深蒂固，让他们对"危险"的热水龙头心存敬畏之心，因为怕被热水烫到所以接完大半杯凉水以后就不接或很少接热水，这样杯子里的水实际和凉水无异。在这寒风飕飕的天气里，冷冰冰的水的确不好喝。于是，我决定将此作为突破口，给孩子们"示范"喝水。

这天，户外活动回来孩子们准备喝水的时候，我和孩子们一起排队接水。这一举动立刻引得好奇宝宝们过来围观。天天说："老师，你也喝水啊？"小妮马上接着说："当然要喝的，老师说多喝水才健康！"妞妞说："我们大家都要喝水的！"果然，孩子们接水的情绪高涨了许多，很多孩子当着我的面接了满满一杯水，有的孩子还很得意地走过来跟我说："看！我喝这么多是不是很厉害？我们来比赛好不好？"

在孩子们的议论声中，我先接了半杯凉水，然后按住热水龙头咕咚咕咚将杯子里的水接满。航航看见了赶快提醒我："老师，你当心烫到手！"我笑着说："你看我有没有烫到？"航航摇摇头，接完水我让他摸摸杯底，问："是暖的是烫的？"航航好像发现新大陆般地叫着："杯子不烫。"纯纯马上接着说："把开水跟冷水混一起就不烫了！"见有小朋友说到点子上，我特意很大声地说："就是，老师之前要求小朋友先接冷水再接热水就是这个原因，接了半杯冷水之后再接热水，即便多接一些也不会被烫到呢！热水多些，水就不会冷冰冰的啦。"纯纯见老师肯定了她的话，很积极地附和说："我就是这样接的！"马上，很多孩子开始说："我也是"、"我也是"……听到这，航航立刻照着我的方法将水接满，我见他小心翼翼地捧着杯子，于是问道："烫不？"他立刻摇摇头，我接着问："暖和不？"他很用力地点点头。我拿着自己的杯子咕咚咕咚喝了两大口，很享受地说："真舒服！"很多孩子看看我，

也大口大口地喝了起来，喝完以后还学着我的样子说真舒服。航航笑嘻嘻地跟纯纯说："热热的水还是蛮好喝的呀！"见我在看他便很神秘地对我说："老师，你发现没有，杯子暖呼呼的还能捂手哦！"自此以后，孩子们喝水越来越自觉了，我很少需要再提醒班里孩子多喝水，而小朋友不爱喝水以及倒水的情况也几乎没再发生了。

温馨提示

其实我们的孩子都很聪明，想要他们接受并主动去做某件事的时候，关键是要有说服力。从案例中来看，最有力的说服首先是心理的认同。我们无法用一堆数据去和年幼的孩子说明水对人体机能产生的巨大作用，但是我们可以引导幼儿用最简单的感知觉亲身体验喝水所带来的舒适感，帮助孩子挖掘喝水除了缓解口渴之外的吸引力。

当然，在一些特定的时刻，说教也会有不可代替的正向作用，此时进行说服的对象一定要有权威性。就拿常常喝水这件事来说，教师的要求比爸爸妈妈的话管用，因而秋冬季节很多家长看到老师的第一句话就是"麻烦老师让我们孩子多喝点水"。而关于饮水与身体健康关系的说明上，医生比教师有权威，有时候老师在班上苦口婆心地讲一大通道理孩子未必能记住，而医生对孩子的一句嘱托——"多喝水感冒才好得快"则让孩子印象深刻。所以，在纠正孩子不爱喝水的问题上，我们可以充分发挥园医的作用，在晨检、喂药、进行健康教育时，请园医多为孩子强调喝水的重要性，多次的重复会在孩子的意识中埋下主动的种子。

此外，环境也是一个有"说服力"的参考对象。在孩子的世界里,万物皆有灵性,花草虫鱼在孩子眼中都是可对话的生命。而在喝水这个行为中,植物为孩子做了喝水重要性的最好演示:水分充足"神采奕奕"与缺水干枯"没精打采"构成反差巨大的对比,能让孩子们很直观地接收到生命离不开水的讯息。所以,观察环境也不失为教师"说服"孩子爱上喝水的方式。

31. 挖掘与开发
——当幼儿因天冷不愿意洗手或者洗手爱玩水时

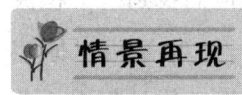情景再现

天气越来越冷,孩子们洗手时发生的问题多了起来。一些孩子开始变得不愿意洗手,还有一些孩子因为天冷没有了户外玩水的活动借着洗手的机会在盥洗室里玩得不亦乐乎。这天美术活动结束后,我没有像往常一样跟孩子们同时走进盥洗室,而是留在教室里先整理画纸和颜料,等我向盥洗室方向走去时,很多孩子已经洗完手出来了。这时,我发现原本和好朋友有说有笑的琪琪看见我眼神躲躲闪闪的,看来有孩子洗手不自觉呢。于是,我问了声:"宝贝们,手都洗干净了吗?我要来检查一下了哦!"话音刚落,好几个孩子就噔噔噔地冲到盥洗室去。正在这时,班里几个爱告状的孩子跑过来告诉我:"老师,越越又在玩水了!""他的衣服都湿了还在玩!"……

幼儿教师临场应变技巧60例

临场应变

看来要就洗手这件事和孩子们好好沟通一番呢！但是怎样让不想洗手的孩子主动洗手，又让想要玩水的孩子不在洗手时跟水太过亲密呢？这些孩子的表现看起来是洗手问题的两个极端，仔细分析原因也并不一样，所以需要各个击破才行。这个季节不愿洗手的孩子，多半是喜热怕冷的孩子。即使幼儿园已经提供给孩子们温水洗手，但是水温高不过体温，而洗完手温度被水带走的感觉也是冷冷的，所以孩子想要追求生理上的舒适感无可厚非，但是我需要引导孩子们克服温度的障碍，帮助他们找到一个积极洗手的理由。而对于洗手时忍不住玩水的孩子，也是可以原谅的。绝大多数孩子都是喜欢玩水的，这一点从夏天户外玩水活动中孩子们的表现就可以明显地看出。因此，想玩、玩不够的孩子自然会在洗手能和水接触的时候抓紧机会，我需要做的是帮助孩子将洗手与玩水从观念和行为上拆分开来。想到这，我决定当下就将计划付诸行动。

我叫住一直以来都认认真真洗手的依依，煞有介事地问："依依，你的手上是什么香味呀？真好闻！"依依很慎重地闻了闻自己的手，说："是洗手液的味道呢！""咦，别的小朋友手上我怎么没闻到呢？""我今天用的是青苹果的那瓶洗手液！""真的吗？下次我也要用青苹果的那瓶洗洗看，真好闻！"听到这，很多刚洗完手的孩子也偷偷地低下头闻自己的手，然后露出得意的表情；而没洗手的孩子则露出渴望的表情。果然，孩子们对于香味还是特别热衷的，到了下一次洗手时间，那些不爱洗手的孩子似乎忘记了水凉的困扰，认认真真地冲水、抹洗手液。在此后的一段时间里,为了让孩子长时间地保持对洗手的小小兴趣,我为孩子们准备了不同香味的洗手液,将他们罐装在相同的瓶子里,当孩子们发现昨天还是草莓味的洗手液今天变成柠檬味时,小眼睛里写满了发现的惊喜,洗手似乎也变得更有乐趣了。

对于越越,我则在下午洗手时对他给予了更多的关注,并且让他发现我的关注。因为老师的在场,越越暂时放弃了玩水,自然衣服也没有被弄湿,这便给了我一个和孩子们对话的契机。在下午的谈话活动中,我特意表扬了越越,并展示了准备放在区域中让孩子们玩水的大整理箱和玩具,然后对所有的孩子说:"因为越越今天洗手的时候表现很棒,所以我要奖励他在区域活动的时候加入玩水游戏。"许多孩子纷纷表示也想加入,于是我趁着这个机会和孩子们做了一个约定:"玩水的时候,要好好玩水并且管好自己不弄湿衣服;洗手的时候,要好好洗手,不玩水!"在这之后,孩子们对区域里的玩水游戏热情久久不退,而像越越这样的孩子也确实遵守了约定,再没在洗手的时候玩水磨蹭了。

温馨提示

有香味的洗手液、专门的玩水游戏,对于年幼的孩子们来说都是有吸引力的客观刺激物。在引发幼儿无意注意的过程中,香味的刺激显然比温度的刺激更具有新颖性和变化性。上述问题解决中,我正是利用了这一因素达成了对比的目的,将幼儿的兴趣借由气味成功转移到了洗手上,形成有意注意。但是刺激的作用有一定的时效性,所以教师应当及时变换刺激形态以达到持续作用的目的。比如,可以把洗手液装在各种造型有趣的瓶子里,可以在水龙头上贴上醒目又可爱的特殊标记,可以在洗手池的墙面

添加美丽多彩的亲水互动装饰，等等。但凡幼儿在洗手时目光能及、手能接触的任何物品以及环境都有可能被发掘出将幼儿吸引到水龙头前的乐趣之处。

玩水游戏则是刺激物在满足幼儿的个体需要和兴趣下与有意注意的成功对接，因此只要幼儿对玩水有持续的兴趣，则教师与幼儿区分玩水和洗手的约定便具有有效性，而一旦幼儿失去玩水的兴趣，则洗手问题自然也就不存在了，因此案例中的方式方法是持续可行的。

洗手时出现的一些问题，是教师在带班过程中经常会遇到的。教师在思考这些问题的时候，不能很教条地来对待，有时候，也可以顺应幼儿的需要，帮助他们创设条件。开放、尊重的教师，应当有能力找到合情、合理、合乎幼儿需要的解决问题的方式。当然，教育的过程也不应当单一地考虑将任何一个环节孤立，比如在允许幼儿玩水的同时，教师可以适时地进行环保教育；玩水游戏后，可以引导幼儿将玩过的水浇给班级植物，帮助幼儿树立节水的观念，这便是一举多得的问题解决方式。

32. 保护与引导
——当幼儿"偷"别人东西时

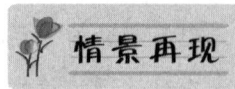

情景再现

玩具分享活动结束了，几个孩子急冲冲地跑过来七嘴八舌地对我说："老师老师，依依的娃娃被双双偷走了！""依依的娃娃

第三章　生活活动中的临场应变技巧

不见了，一定在双双的口袋里！""我们班里有小偷，依依的娃娃不见了！"孩子们一个个情绪很激动。我问依依是怎么回事，依依带着哭腔说："我的娃娃是换给秀秀玩的，她玩好放在桌子上，过一会儿就不见了，我们是在角落里玩的，只有……只有双双来过！"这时，大个子的贝贝使劲拽着双双来到大家面前，说："老师你看，就在她口袋里，我叫她拿出来她不肯！"只见双双一边挣扎一边死死地捂住自己的口袋，满脸的不情愿、惊恐和委屈。

临场应变

我赶紧制止了贝贝的行为，让双双待在我身边，和其他孩子保持距离。这件事怎么处置呢？如果当面检查双双的口袋，双双的自尊心一定会受到伤害。可是如果轻描淡写一笔带过，对于其他孩子来说，便是老师在偏袒错误行为。其实，当听到孩子们说到"偷"的时候，我的第一反应也是"会不会又是双双"，因为类似的情况已经不是第一次发生，如果再不抓紧机会好好解决，势必还有下一次。双双是一个很安静的小姑娘，平时的话很少，做什么事都是静悄悄的，包括把幼儿园或者其他小朋友的玩具放进口袋里。如果不是一次在整理衣服的时候保育老师发现，我们都没有想到那些丢失的玩具会在双双的口袋里出现。其实很多时候，双双只是喜欢某件东西，当孩子特别喜欢一件东西的时候，一种很直接的表达方式便是想要把它据为己有，如果武断地把这样的行为定性为"偷"是不恰当的，但是必须要让孩子知道拿走不属于自己的东西是错误的。

于是，我问小朋友："你们有谁亲眼看到是双双拿的？"小朋友都不出声了。我又对贝贝说："既然大家都没有看到，怎么能

随意猜测呢?而且随便翻别人的口袋可是件不礼貌的事哦,我们不可以这样!"说这句话时,我用的是所有孩子都能听见的音量,很多孩子听完这句话便低下了头。我接着问孩子们:"你们说小偷是坏人还是好人呢?""小偷最坏了!""把别人的钱拿到自己口袋里肯定是坏人!""我妈妈说,小偷没经过别人同意随便拿人家东西,所以警察叔叔要把他们抓起来!"孩子们你一言我一语地议论开了。我打断了孩子们的谈话,刻意地看了看双双,然后牵起她的小手,对所有孩子说:"你们都觉得小偷是坏人,可是我们班上只有好孩子,所以怎么会有小偷呢?依依的娃娃一定是不小心掉在哪个地方了,大家一起帮忙找一找吧!"当我说"依依的娃娃"时,特别加强了语气,并用力地握了握双双的手。其他孩子马上四散开了。我找准机会对双双说:"小娃娃一定也很想回到自己的主人身边,就像小朋友想要回到妈妈身边,那个娃娃属于依依,就像双双属于自己的妈妈,就算别的妈妈很喜欢双双也不能把双双从自己妈妈身边带走,你说对吗?"双双点点头,悄悄地拿出口袋里的娃娃递给我。我拿起娃娃大声地对孩子们说:"找到了,在这儿呢!"

温馨提示

四五岁的幼儿拿别人东西的行为,尚不属于品行障碍。这个年龄段的孩子对物品所属权的概念尚未明确,加上他们是以自我为中心的,所以不要把这种行为看做偷窃行为。物品的所有权对幼儿来说并不是一个很明确的概念,有时候只是因为某个心仪的物品实在太有吸引力,再加上难以抑制的自然冲动,使得想要拥有这种东西的愿望变得强烈,驱使幼儿拿走了这件物品。儿童心理学把这个时期叫做"前道德期",这个时期幼儿的道德价值观十分混乱,无一定标准。对于爱拿不属于自己的东西的幼儿,教师应当帮助他们了解哪些行为是被社会所接受的,哪些是不被社会所接受的。当幼儿明白自己的行为有违社会规范的时候,便会从主观上有自我约束和控制的意识。同时,教师也要处理好他们与同伴之间的关系,切忌为这些幼儿贴上"小偷"的标签。上述事件中,我通过对现场的巧妙处理,很好地保护了幼儿的自尊心。当然,在日常活动中幼儿为了引起他人注意而拿走不属于自己物品的情况也偶有发生,这就需要教师及时判断幼儿是单纯地想要引起注意还是想要那件物品。如果是前者,教师可以给以提醒并引导其采用正确的表达方式。如果是后者,在遇到类似问题时,我们还可以这样做:

(1) **利用儿歌、故事和游戏等教育幼儿。**幼儿年龄小,容易受到具体形象的感染,容易从故事、歌谣、游戏中受到启迪。由于幼儿的可塑性大,利用这种形式及时教育幼儿,更容易帮助他们改正不良行为。比如,可以在幼儿相对安静以及注意力集中的时间玩一玩"是谁的"的问答游戏,帮助幼儿明晰物品所属权并及时给予正确行为的提示。游戏可以这样进行:"红红的帽子是谁的?不是青青的,不是越越的,红红的帽子是豆豆的。红红的帽子谁来拿?青青不能拿,越越不能拿,红红的帽子豆豆才能拿。圆圆的小球是谁的?不是依依的,不是贝贝的,圆圆的小球是牛牛的……"当幼儿听到自己的名字被编进问答中时,会对问答的内容有更加深刻的印象,而不针对某一幼儿的言语提示则可以更好地保护"偷拿"东西的幼儿的自尊。

(2) **给予幼儿适度的"惩罚"。**当幼儿反复出现这种行为时,教师应及时态度鲜明地应对,必要时应当给予幼儿适当的惩罚。

比如，暂时性地将该幼儿与其他幼儿隔离，或者暂停该幼儿喜欢的游戏一次，并及时告诉他这么做的原因是因为他多次出现不良行为；也可以与其家长及时沟通，由家长与教师共同来完成"惩罚"的过程。如果行为受到惩罚，幼儿就会认为这个行为是不适宜的。适当的惩罚因此会对幼儿产生正面的影响，幼儿会根据这种惩罚形成初步的是非观念。这种情绪体验会与幼儿今后形成的道德认识产生联系。当然，惩罚应把握好"度"，并且等幼儿不再有这种行为时，应立即恢复他原来的待遇。

33. 让食物"投其所好"
——当幼儿挑食时

琪琪是新学期转来我们班的小姑娘，入园第一天琪琪外公就对我说："我们家的孩子，吃饭时老师要多费点儿心。"果不其然，开学一周下来，班里三位教师对她的一致评价就是："没见过这么挑食的孩子！"她不吃南瓜，不吃青椒，不吃番茄，不吃玉米，不吃洋葱……又到了午餐时间，保育老师开始给小朋友们分蔬菜，琪琪看着自己碗里的黄瓜和牛肉，一脸无奈地说："我不吃这个的。"

第三章 生活活动中的临场应变技巧

临场应变

　　看着孩子夸张的表情，我真是觉得又好气又好笑。面对这样的吃饭"困难户"，怎样才能顺利地让她把碗里的黄瓜吃下去呢？观察了几天下来我发现，琪琪的挑食并不是真的对某些食物存在抗拒心理，而是只凭看到饭菜时第一眼的感觉来判断自己是不是要吃，一旦真的决定不吃这个菜，便真的一口都不碰。一直以来，我对幼儿园食堂师傅的手艺还是很有信心的，其实只要孩子能试着尝一尝，便会发现食物并没有她所不能接受的味道，反而还很美味呢。所以想办法让孩子吃下第一口，是解决她挑食问题的关键。那怎样让孩子迈开这第一步呢？想到音乐课时，孩子兴高采烈的样子，我立刻有了帮助琪琪的灵感。

　　我走到琪琪身边，贴着她的耳朵故作神秘地说："我有个秘密只告诉你一个人哦，今天的黄瓜有特异功能呢！"琪琪立刻扭过头一脸不可思议的神情看着我，我接着说："你不知道了吧？今天的黄瓜会唱歌哦，你把它放进嘴巴里嚼两下就能听见'咯吱咯吱'的声音呢，要不你试一试？"琪琪将信将疑地吃了一口，说："好像有！"我赶紧乘胜追击说："你少放点，它就小小声地唱歌。你多放点呢，它唱歌也会大声，你要不要试试看？"听了我说的话，琪琪将"黄瓜唱歌"的功能试了又试，一转眼一大半的黄瓜就被她吃掉了。琪琪一边吃一边笑眯眯地跟我说："这个会唱歌的黄瓜还是蛮好吃的！"看来第一步已经成功了，我正想着怎么用类似的法子让孩子试着吃下一个菜时，琪琪已经主动开口小声问我："这个牛肉也有特异功能吗？"我忍住笑装做好奇地说："我也好想知道哦，要不你试试看告诉我？"琪琪听了，立刻认真

地开始了试验。等我分完菜回到琪琪身边时,琪琪放下碗勺很得意地跟我说:"我试过了,这个牛肉不会唱歌的,但是真的很好吃!""这么快就发现了,琪琪真厉害,下次找到其他有特异功能的菜一定要告诉我哦!"琪琪开心地说:"没问题!"

温馨提示

幼儿是充满好奇的小生命,作为教师我们无法左右呈现在幼儿面前饭菜的色、香、味,但是我们可以左右他们的好奇心,投其所好便是案例中我所使用方法的重点。这一方法适用于所有对食物不存在特殊抗拒心理的幼儿,良好的口味再加之教师用心设计的有趣情境,会让幼儿产生对食物的兴趣。在兴趣的基础上,鼓励幼儿尝试并肯定幼儿的进步,便会对幼儿接受食物的行为产生强化。

此外,教师还可以利用幼儿普遍存在的"从众心理"。在环境中,幼儿会受到周围同伴群体行为的影响而在自己的知觉、判断、认识上表现出符合多数人的行为,因此教师只需要安排有挑食行为的幼儿坐在一些胃口好、吃饭佳的幼儿附近,挑食幼儿的进餐就会受周围幼儿的影响发生明显改善。在"别人能,我也可以"的心态下,大多数幼儿都会吃下自己原本认为不喜欢的食物,挑食行为也会在一段时间后逐渐弱化。

对于中班、大班的幼儿,教师可以在分饭菜的同时有针对性地告诉挑食的幼儿不同食物的营养价值,如多吃丝瓜可以使人变漂亮,多吃鱼虾可以使眼睛明亮,多吃肉类长力气等,吸引幼儿积极地选择食物。而托、小班的孩子,由于牙齿组织尚在发育中,因而不喜欢粗纤维、难咀嚼的食物,教师则可以对其进行适当帮助，如将这些食物捣碎、去骨等。当然，一些幼儿对某些特定食物存在着绝对的排斥，而心理的抵触甚至会引起生理的不良反应。此时，教师应当抱持不强求的态度，适当减少这些食物的分量或是用其他食物进行替换。

34. 接纳与信任
——当幼儿午睡说话时

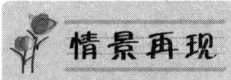

乐乐最近有一个烦恼，就是午睡怎么也睡不着。每到快睡觉的时间，他都特别的紧张，不停地问老师："是不是马上就要睡觉了？""还有几分钟我们就要去漱口了？"等到老师拉上窗帘关掉灯小朋友们都躺下后，乐乐就开始在自己的小床上翻来覆去不停地变换姿势；而当小朋友们陆陆续续进入梦乡，整个寝室都静悄悄的时候，乐乐便凑到隔壁床宁宁的耳朵边说话，有时候宁宁睡着了不理他，他就躲进被窝里对自己说话。保育老师常常提醒他说："乐乐，该睡觉了，睡得好才能长得高呢！"每次乐乐听了都会点点头，乖乖地躺好不动，可是每次都坚持不了多久。这天午睡，乐乐的被窝里又开始传出轻轻的说话声。

我原本想走过去提醒乐乐，但是转念一想，提醒之后呢？提

醒的事，保育老师已经一直在做了，但是乐乐在教师提醒之后只能暂时保持安静，可见这个方法并不奏效。他会和好朋友说话是因为没能顺利入睡，在醒着的状态下度过漫长的两个半小时自然无聊地想要跟人聊聊。可是，怎样才能真正帮助这个睡不着的孩子呢？我细细回想会造成乐乐睡不着的因素：是"兴奋"吗？乐乐遇到不爱吃的菜时，进餐速度就比较慢，所以在其他孩子已经用完午餐开始餐后活动的时候乐乐没有办法加入，着急是可想而知的，焦虑的情绪是会导致神经系统处于兴奋状态致使孩子无法入睡，偶尔的睡不着也许是因为这个。但是持续一段时间的表现，最主要的因素应该是紧张了，原本睡不着只是偶发事件，但是乐乐是个敏感的孩子，对应该做到而没有做到的事总是特别在意，因而在一次偶然的没睡好之后，他很可能会开始介意自己有没有睡着，过度的自我心理暗示无形之中给他造成了巨大的压力，睡觉成为一件有负担的事，越睡不着越紧张，而越紧张入睡就愈发困难，形成不良循环。所以，乐乐的症结还是在心理上，我需要好好"开导"一番才行。

于是，我坐到乐乐身边小声说："虽然你说话的声音很轻很轻，可是我还是听得很清楚哦！睡不着的话，起来到老师旁边坐坐吧。"乐乐听了我的话坐了起来。我接着说："老师有时候也睡不着，但是不睡觉上班怎么有精神呢？所以我拼命跟自己说快睡着、快睡着、快睡着，可是越是这样我越着急、越是睡不着呢！我猜你也是这样，对不对？"乐乐听了，点点头又摇摇头："妈妈说中午不睡觉要变笨的！""老师天天中午要管小朋友没办法睡觉，有没有变笨？"乐乐笑着摇摇头。"我知道你真的想睡着，可是有没有睡着好像真的不是自己能控制的呢。你应该好好睡觉，但是实在睡不着也没有关系。可是有件事你做得不好哦！""我去跟宁宁讲话吵到其他小朋友睡觉了。""原来你知道呀，你看她都睡着了，你跟她说她又听不见。"乐乐低下头。"你要是实在想聊天呀，你看午睡室里就我一个人不用睡觉呢，要不你来跟我说？或者你自己看书、画画，做些安静的事，等到觉得困了再去睡，好吗？"乐乐同意了，拿了一本自己很喜欢的书去阅读角安静地看了起来，过了没多久便很主动地回去躺好，并且很快就睡着了。

温馨提示

对于入睡困难进而在午睡时说话的幼儿，教师应帮助其寻找原因解决问题。同时，要一直保持接纳、理解的态度，这是非常重要的。被"接纳"是幼儿期儿童的基本心理需求之一，被接纳意味着被尊重和被关注。对于文中乐乐这样有心理负担的幼儿，充分的接纳无疑给了他一个放松紧张情绪的前提。在睡不着的状况下，幼儿被允许进行一些安静的不影响其他幼儿午睡的活动，并得到自主决定的权利，体现的是教师对幼儿的充分信任。幼儿在没有过多提醒和指导的状况下从睡不着的烦躁不安到主动睡得放松，教师的措施无疑是有效和成功的。

当然，对于不同的幼儿，教师采取的应对方式也应当不同。会在午睡时候说话的幼儿，究其原因大都是未能顺利进入梦乡。所以，教师在遇到幼儿午睡说话的情况应当第一时间做出判断：该幼儿是偶发的未能入睡，还是持续一段时间的睡眠障碍。如果只是偶发的情况，教师只需要就事论事，略微提示幼儿保持安静即可，不应将重点转移到睡觉上面，避免幼儿产生紧张情绪。但若是幼儿一段时间乃至长期存在午睡困难，教师则需要考虑多方

面相关因素：

（1）**幼儿是否做好了睡眠的生理准备**。幼儿生理上的不适是教师最先需要考虑的因素，尤其秋冬季节一些呼吸系统较弱的幼儿躺下睡觉时容易呼吸不顺畅影响睡眠，教师可以考虑给其饮用一些温水以起到滋润和放松呼吸道的作用，或者提醒幼儿及时变换睡姿。还有一些幼儿对幼儿园的睡眠时间存在生物钟上的不适应，比如晚起迟到的孩子，他们从入园到午睡只经过短短的两三个小时，午睡时自然不可避免地缺少困意，这就需要教师与其家长进行协调和沟通，调整好幼儿的一日作息。此外，较为激烈的活动也会引起幼儿神经系统的亢奋致使其难以入睡，所以临睡前教师一定要避免开展此类活动，引导幼儿在安静平和的状态下过渡到睡觉环节。

（2）**幼儿是否适应了午睡室的环境**。比如，有的孩子需要在绝对黑暗的环境中才能睡着，可以考虑将这类孩子调换到更为避光的床铺，或者建议家长为幼儿午睡准备一个小眼罩。还有，部分较为敏感的幼儿，尤其是新入园的幼儿，会存在"认床"的现象，遇到这种情况则可以允许这部分幼儿携带家中惯用的小毯子、小枕头等寝具，因为一定的心理安全感能够帮助这类幼儿缓解因睡眠环境不同而产生的不安情绪。

（3）**幼儿是否处在放松的心理状态中**。过度的喜悦与悲伤以及紧张、压抑、焦虑、恐惧等情绪都是能够导致幼儿无法进入睡眠状态的强烈心理刺激。在发现幼儿有此类情绪后，教师的当务之急是了解引起幼儿此类情绪的客观原因并引导幼儿从这些不良情绪当中释放出来，保持心情放松然后自然地进入到睡眠状态。

35. 宽容与保护隐私
——当幼儿午睡尿床时

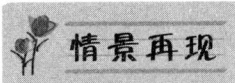 **情景再现**

午睡时间,我看大部分孩子都睡着了,便把备课本拿出来,打算边监督孩子午睡边备课。刚写了一会儿,发现小超好像醒了,在床上动来动去。我走到小超的床边,轻声问:"小超,你醒了吗?要不要小便?"小超一般中午都睡得很好,不太醒。小超瞪着大眼睛看着我,不做声,但我从他的眼睛里分明看到担心和害怕。我问:"小超,做噩梦了?"他摇摇头。那是怎么了?我把手伸进小超的被窝,往下一摸,果不出我所料,他小便在床上了。

临场应变

小超是一个极要面子的孩子,从小班到大班,从来没有尿湿过床单和衣裤。今天这样,是不是身体不适呢?还好我及时发现了,不然这么湿湿的,会感冒的。我悄悄地把嘴凑到小超的耳边说:"冯老师知道小超为什么醒了。"小超的脸一下子红了,轻声说:"冯老师,我是不小心尿出来的。"我微笑着应着:"嗯,冯老师知道,小超从来不尿床,今天一定是有原因的,老师给你擦一下,换一张床睡,睡在湿的床上会感冒的。"小超的眼睛环顾四周,我一下子明白了他的心思:"你看,小朋友都睡着了,我们

轻轻地，没有人会看到的。"我赶紧拿来热毛巾，给小超擦干净后，让他睡在了一张空床上。小超懂事地问："那我的被子怎么办？"我说："尿湿了当然要洗喽，待会儿请王阿姨拿去洗一下，晒一晒，干了就又可以用了。"小超又不放心地说："冯老师，你会不会不喜欢我？"我说："小超是个懂事的孩子，冯老师还是会像以前一样喜欢你的。"他听了这个话才放心地躺下了。看小超还是有一点睡不着，我就坐在他的边上，拍着他让他继续睡觉。开始的时候，他还有一些紧张，慢慢地开始放松了，又睡着了。

温馨提示

虽然已经到了大班，有的幼儿偶尔也会尿床，原因有很多种。有的孩子尿床是由于泌尿系统的发育不完善；有的是因为家族遗传史的影响；有的可能因为挫折感、忧伤、惊恐等心理问题，如父母离婚、有弟妹出生突然失去被关爱的感觉等；还有的可能因为贪玩睡前忘了小便……无论是哪一种原因，当幼儿尿床时，教师要做好以下几个方面的工作：

（1）保护孩子的自尊心，理解孩子的特殊情况。教师千万不能当着全班小朋友的面批评或责备幼儿，如果这样做，很可能给幼儿造成心理阴影。尤其是有些幼儿心理敏感、脆弱，会觉得尿床是一件不光彩、没有面子的事情。因此，教师更不要大张声势地给幼儿换洗，要想一些办法，帮助尿床的幼儿回避同伴的视线，鼓励幼儿不要紧张，帮助幼儿树立自信心。

（2）及时给孩子换洗，避免引起感冒等疾病。孩子尿床后，不一定会直接告诉教师，这就要求教师在午睡管理的过程中，要有高度的责任心，及时发现幼儿的这些突发情况；如果不及时发现,幼儿长时间地睡在尿湿的被子上面,容易受凉生病。有一些幼儿,尤其是小年龄的幼儿会出现反复尿床的情况,教师要有爱心、有耐心,对反复尿床的幼儿不能着急。教师可以和其家长及时沟通,了解孩子尿床的原因,但在幼儿面前,要回避谈尿床的问题,让幼儿在宽松愉快的氛围中成长。

36. 机警与确认
——当有陌生人来接幼儿时

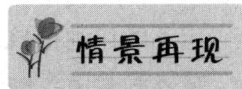

放学时间到了,孩子们陆陆续续被家长接了回家。可是,原本都会早早来接的轩轩妈妈却不见踪影,轩轩开始有点焦急了,不停地向门口张望。这时,一个陌生的中年女人急急忙忙地冲进教室,对着轩轩喊:"轩轩快出来,今天妈妈有事情,大妈妈来接你!"我赶紧快步走到轩轩身边问孩子:"轩轩,这是你认识的大妈妈吗?"孩子疑惑地看着那个陌生女人,摇摇头说:"我不认识!"那个中年女人听了,赶忙解释说:"我是你妈妈隔壁办公室的呀!"轩轩朝我身后蹭了蹭,看来孩子确实对这个"大妈妈"没有印象,她看到孩子的反应,赶紧向我说明:"老师,轩轩妈妈今天临时有事走不开,所以让我先来帮她把轩轩带去单位,你看这是她给我的接送卡!"我接过来仔细看了看,确实是我们幼儿园的接送卡,可是因为使用时间比较久,上面的名字标签已经模糊了,看不出是不是轩轩的名字。

幼儿教师临场应变技巧60例

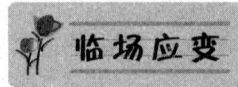

怎么办呢？让接还是不让？"陌生人"的解释合情合理，可是我没有办法百分之百确定她就是轩轩妈妈的委托人。作为教师，在这个问题上是不容有任何疏忽的，所以最好的方法就是马上跟轩轩的家人联系确认。于是，我说："是不是不经常见面，所以轩轩忘记了？我们还是先给轩轩妈妈打个电话吧！"只是，连拨了两次，轩轩妈妈的手机都无人接听。这位轩轩妈妈的同事说："她有可能到会议室去开会了，没有办法听电话！老师您放心，我不是坏人呀，我跟轩轩妈妈一个单位都快十年了！"

接下来怎么做呢？在我得到确认之前，是一定不能让她把孩子接走的，可是如果她确实是轩轩妈妈的同事，这么强行不让她把孩子接走就显得有些失礼了，所以要向这位女士说明情况并且争取时间等待轩轩妈妈的联系。于是，我赶紧说："实在不好意思，我不是故意要为难您的，您也知道，轩轩妈妈把孩子交到我们手上，我们要对她负责，孩子年纪还小不大认识您，接送卡我们也不能确认就是轩轩的，所以我们稍微等一下，先联系上轩轩妈妈确认吧！"这位轩轩妈妈的同事点了点头接受了我的说法，在一旁边摆弄手机边等待。

可是，好长时间过去了，轩轩妈妈一直没有回音，这位来接孩子的女士显得有些不耐烦起来。我请她在隔着孩子一定距离的椅子上坐下，跟她商量："真是有点久了，看来轩轩妈妈的手机没带在身边，轩轩的大妈妈，您有没有其他方法能联系上她？"她听了，很无奈地说："我一直在跟她发短信，都还没有回信。我还让其他同事到她办公室去看过了，都说人没有在，只有手机在响，会议室的门还关着，也没办法进去叫她。"我忽然想到轩轩爸爸，问她："轩轩爸爸，您认识不认识呀？""那肯定认识的，我们家属都一起出去搞过活动，就是我不知道他的电话呀！"我赶紧用自己的手机拨通了轩轩爸爸的电话，跟他说明原委，并让轩轩妈妈的同事听电话，最终确认了，轩轩跟着她离开了教室。事后，轩轩妈妈打来电话，说："谢谢老师，你们这样做，我们做家长的真的很放心！"

温馨提示

对于一线工作的教师来说，陌生人来接园的事件不在少数，上述事件中，我用诚恳的解释与变通的方式让事情圆满解决，大多数此类事件的处理都可以借用这样的方法。但是并不是所有的"陌生人"都能如此态度平和地好好与教师沟通讲道理，因此这样的事件需要教师早做预防。"预防"并不是避免"陌生人"的到来，而是事先让家长了解一旦没有办法接园必须请"陌生人"帮忙的时候如何处置，毕竟对于家长来说没有办法接园也是有可能的。如果没有教师事前的预防提醒，家长难免会在找好"陌生人"的时候忘记与教师直接联系。万一幼儿不认识来接园的家长的朋友或同事，教师又因为家长脱不开身无法与之取得联系，就会出现案例中的尴尬局面。因此作为教师，针对陌生人接园的事件，应当做好三方面的准备：

- 务必让家长明白，陌生人接园前，家长要与教师直接联系。
- 务必全面而详细地记录下幼儿家长的联系方式，以备不时之需。
- 务必时刻提高警惕灵活应对所有可能发生的情况。

幼儿教师临场应变技巧60例

37. 安顿与寻找
——当发现有幼儿丢失时

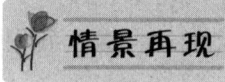

3月12日是植树节，幼儿园组织大班小朋友给附近小区里的小树浇水。在活动之前，我给孩子们规定好了活动的范围，活动开始后，大家兴致勃勃地带了各种浇水工具，三五成群地结伴给树苗浇水。我和配班老师忙着帮忙，保育员忙着给孩子们准备水。活动结束，在排队准备回园的时候，我忽然发现成成不见了。文文说："老师说准备回去的时候，成成跟我收回了浇水工具，但不知道他往哪里去了？"我们找遍了四周，都没有发现成成。

临场应变

请小朋友收拾工具、告诉他们准备回去到现在隔的时间并不长，最多5分钟，如果成成真是往哪里走了的话应该不会走远。我脑海里跳出一个念头：千万不能让孩子跑到小区外面去。

我马上让配班老师管着孩子，我和保育员兵分两路，沿路跑向小区的两个大门，向大门口的两个保安分别描述了成成的长相，并再三交代：请一定关注每一位进出大门的人，不能让孩子出大门，并留下了电话号码，如果有消息，请第一时间通知我们。保安马上将情况汇报给了队长，队长立即组织保安人员在小区里面帮忙寻找。

为防孩子已经跑出小区，我请物管公司调出了事发前半小时大门口的监控录像和我们活动地点的监控录像。在我们的活动地点，我看到了成成最后收拾工具的身影，但录像没有显示成成最后的去向，好在大门口的监控录像没有成成跑出大门的迹象，我松了一口气，成成应该还在小区里，可是他会在哪里呢？

在寻找成成的过程中，我请保安队长派两名保安跟配班教师一起将孩子们送回幼儿园，并由配班教师将发生的事情汇报给园部，我和保育员继续在小区里寻找成成。

这时，我突然想起成成的奶奶好像是住在这个小区，成成会不会是跑到奶奶家去了？我马上给成成的妈妈打了电话，很委婉地告诉了她事情发生的经过，并询问了奶奶家的住处，然后立马赶往成成奶奶家。中途接到了成成妈妈打来的电话："老师，成成在奶奶家！"听到这句话，我的一颗心终于落了地，马上跟配班老师取得了联系，向园部进行了汇报。来到奶奶家接成成的时候，我告知了奶奶事情的经过，并与奶奶进行了沟通，同时对成成进行了教育。

温馨提示

孩子走失在幼儿园算重大事故。面对此类事件，教师要注重平时对孩子的安全教育，教育包括两部分内容：一是事件发生之前的教育，让孩子熟记家庭住址、父母的电话号码、工作单位等信息，教育孩子在外出活动中不能擅自脱离队伍，不能离开规定的活动范围，或随便跟随陌生人走；二是在走失的情况下，教育孩子怎样向警察及公共场所的工作人员求助。

教师还要重视安全预案的制订，特别是在每次外出活动之

前，必须要有针对活动及场地特点制订的安全预案，或许教师制订的安全预案不一定都能用上，但一旦有事故发生，安全预案会带给教师极大的帮助，同时使教师在突发事件面前有章可循。

外出活动安全预案的制订需要包括以下几个方面的内容：

- 活动简况，包括活动名称、时间、地点、车辆安排、组织者等。
- 参加人员情况，包括幼儿人数、年龄、身体情况、家长联系电话和工作人员联系电话等。
- 工作人员安排，落实每位工作人员在外出活动中的分工，有明确的职责。
- 活动场地平面图，注明活动地点所有进出口与疏散的线路，包括公园、小区的各个大门及紧急出口，并对进出口进行标记。
- 突发事件紧急预案流程。
- 活动场地所属的安全管理部门及其电话，了解附近的医院、派出所等。
- 根据活动性质和活动场地特点，对幼儿开展安全教育。

同时，在预案中需要注明对工作人员的要求：
- 明确活动内容与流程。
- 明确工作职责，保持活动中的电话畅通。
- 明确活动场地各进出口及疏散线路，明确每位工作人员的职责。
- 明确紧急预案流程。
- 要求组织者事先对活动场地进行踩点，选择好安全的活动位置，排除一切可能造成危险的安全隐患。

第三章 生活活动中的临场应变技巧

38. 给幼儿布置任务
——当幼儿离园格外兴奋时

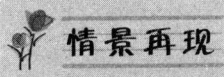 情景再现

接园时间快到了，大家都安安静静地玩着，只有天天一人特别兴奋，一刻不停地朝旁边的好朋友嚷嚷，还拿着玩具咚咚咚咚地敲着桌子。旁边的好朋友不搭理他，他便自言自语地哼起歌来。小朋友提醒他："天天，太吵啦，你安静一下好不好？"结果天天干脆开始尖叫着跑开了。这时教室门开了，家长们站在门口朝自己的孩子招手示意，我开始安排孩子一个个陆续离开。在等爷爷的功夫，见教室里空旷些了，天天就在教室里又蹦又跳，还满地打起滚来，惹得其他家长纷纷侧目。

临场应变

兴奋的孩子我不是第一次见，可是像天天这样兴奋得近乎失控的孩子显然不能用常规的方法应对。通常情况下，面对孩子过度兴奋的问题，我们最先想到的就是人为的抑制，想办法让孩子在第一时间放松平静下来，然后再对其进行沟通和引导。但是就天天今天的状况，让他马上平复心情安静下来显然是不可能的。于是，我请另一位老师负责安排孩子离开，然后叫天天来到身边，摸摸他的额头与后颈，确认孩子没有发烧的症状，然后问："天天，你有什么事情这么开心呀？能不能说给老师听听，让老

师也一起开心开心?"天天想了一下,哈哈大笑着告诉我:"我就是很开心呀!"看来,要从孩子身上发现造成他如此兴奋的原因难度非常大。最后,我决定还是要想办法转移天天的兴奋点。于是,我对天天说:"开心是件好事情哟,你能不能再帮老师做件好事呢?一些小朋友走之前没有把他们的小椅子放整齐呢,你能不能帮他们放整齐呀?"天天乐呵呵地答应了,蹦跳着去放椅子。不一会儿,他就把椅子放好了,我问天天:"你累不累?要不要休息一下?"天天摆了个奥特曼的造型对我说:"我是奥特曼,不会累的!"接着"吼"、"哈"地就准备开始操练起来。我赶紧说:"那边还有很多玩具呢,你能不能一起整理一下呀?"天天马上跑着去整理。

就在这时,天天的爷爷气喘吁吁地跑来了,看来其他家长已经告诉他刚才接园时的一幕。老人家看见孙子正在摆弄玩具,松了一口气。可是,是不是孩子被接离教室我就不需要再管他兴奋不兴奋了呢?答案显然是否定的。如果让孩子在极度兴奋的状况下去游乐区跑跳玩闹是很容易发生危险的。于是,我将自己的想法告诉了天天爷爷,爷爷说着感谢并表示乐意配合。我拉住正要冲去玩滑梯的天天,对他说:"今天,我们还没有给班树浇水呢。班树开的花可漂亮了,要不你带爷爷去看看我们的树,然后给树浇浇水呀?"孩子听了便兴冲冲地拉着爷爷去了楼下花坛。

温馨提示

上述事件,看似未曾解决,但实际上教师已经对此进行了行之有效的应对。且不论孩子在离园后是否能尽快恢复平静心情,教师已尽可能地使幼儿进行了积极正面的活动,并将能够预见的伤害降低到最小的可能。

　　孩子的大喊大叫、大吵大闹都是他们神经系统兴奋的表现，尤其是离园时分，孩子受环境、心情的刺激容易产生情绪方面的波动，表现为兴奋状态是十分正常的。但是也会有异常兴奋的幼儿，此时教师首先要确认其是否有生理方面的异常。比如：发热会使幼儿的中枢神经系统的兴奋性增强，体温进一步升高甚至会让幼儿出现烦躁不安、胡言乱语和幻觉现象。在排除生理原因之后，教师需要做的便是找到引起幼儿兴奋的刺激以及转移幼儿的兴奋点。除了马上就要回家看见家人的事实会令幼儿兴奋外，其他事情如幼儿心中记挂着的父母的许诺、朋友的约定等也会在离园时让幼儿兴奋。如果是此类原因，教师可以引导幼儿用言语讲述约定的内容，以表达自己的兴奋心情，而非大吵大闹地宣泄。如果教师无法获得此类信息，则可以引入别的刺激以转移幼儿的兴奋点，如幼儿喜欢的玩具或乐意做的事情等。

第四章

大型活动中的临场应变技巧

❀ ❀ ❀

秋游回来的路上,孩子们高兴地在大巴车上交流着各自的见闻。忽然,车子一阵猛烈的颠簸,孩子们的惊慌声响成一片;"六一"儿童节表演即将开始,小朋友突然不想上台了,任教师如何劝说都无动于衷……

在大型活动或是外出活动中,教师和家长最为担心的是突发意外。面对突发问题,教师应冷静应对、启动应急预案、确保幼儿的生命安全、安抚幼儿的情绪、向有关部门求助,这些策略能很好地帮助教师提高大型活动中的临场应变能力。本章的5个沟通技巧作为紧急时刻的"缓释剂",为没有经验的教师做好了应急预备。

幼儿教师临场应变技巧60例

39. 换位与排除后顾之忧
——当家长不同意幼儿外出时

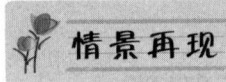

  为体验重阳节登高望远的习俗，幼儿园组织小朋友在重阳节当天（周五）爬山，活动的前几天我们张贴了"告家长书"，告诉家长关于登山的一些准备事项，包括每一位小朋友需要有一位家长陪同等。看了通知书，有两位家长来找我，第一个是乐乐的奶奶，她说："老师，乐乐身体不太好，我们要请假！"紧接着是洋洋妈妈："老师，周五我们要上班的，没有时间陪孩子参加活动。"

临场应变

  两位家长的潜台词都表示了对活动的不认同，是什么原因造成他们对外出活动的抵触？我脑海里呈现了两个家庭的状况：乐乐的父母常年在国外，乐乐由奶奶一手带大。奶奶照顾得很仔细，生怕一不小心把乐乐磕着了，碰着了。一旦乐乐有点感冒发烧，奶奶就拒绝他参与一切外出活动，十天半个月地在家养着，乐乐的运动能力因此非常差，体质比较弱。而洋洋的爸爸妈妈都在机关单位工作，平时上班比较忙，洋洋的爷爷奶奶都在外地，家里没有老人可以帮忙照顾孩子。两位家长，一个是因为对孩子身体的不放心，一个是因为活动时间与工作时间冲突，所以产生

第四章 大型活动中的临场应变技巧

了对本次外出活动的排斥。我现在需要做的是让家长了解本次活动的目的，解除家长的后顾之忧。

我给乐乐奶奶让座，仔细询问了乐乐这段时间的身体状况，并宽慰奶奶："随着年龄的增长，再加上奶奶你这么会照顾孩子，乐乐的身体肯定会好起来的。"奶奶听到我的话很高兴，开始跟我聊平时怎样调理乐乐的身体，我趁机将话题转移到我们的活动上来："奶奶，幼儿园这次安排爬山，主要也是为了让孩子们接触大自然，呼吸呼吸新鲜空气，锻炼身体，增强体质。""是呀，我也知道，幼儿园组织这样的活动是很好的"，奶奶连连点头："只是我们这个孩子从小体质不太好，怕他累了要生病。""我们这次安排的是一条非常适合孩子和老年人走的路，很平坦的，而且每走一段就会有一个平台。幼儿园在活动之前，已经安排老师们去踩过点，并且根据小、中、大班幼儿不同的体能，设有不同的到达点，如果乐乐累了，随时可以休息。"奶奶点点头，但还是有很多的顾虑："老师你看，我年纪大了，他爸爸妈妈都不在，我责任很大，一个人实在带不动他。"

从奶奶的应答中我可以看出，奶奶并不是十分抵触外出活动，只是有太多的担心。"乐乐奶奶，这样吧，你回去再观察一下乐乐的身体情况，如果没有问题，我们把他带上跟小朋友一起外出，乐乐会很高兴的。你放心，我们会一路帮你照顾好乐乐的，你说好不好？"乐乐奶奶同意了。

随后，洋洋妈妈进来的时候明显带着对幼儿园活动时间安排的不满："老师，为什么不把活动安排在双休日？我们其实都挺想参加幼儿园活动的。"我对活动时间给家长造成困扰表示歉意，同时解释了原因："双休日登山的人太多，我们经过家委会的讨论，从安全角度考虑，把活动时间安排在重阳节当天。"洋

洋妈妈接受了解释，也表示了对不能参加本次活动的遗憾，同时对洋洋的安排提出疑问："我们不能参加活动，你们都出去了，洋洋怎么办？"看来这才是洋洋妈妈的焦虑重点。"如果你放心，就把洋洋交给我，我带着她爬山；如果洋洋不愿意参加没有妈妈陪的登山活动，留在幼儿园也可以，有传达室的阿姨陪着她。"这个时候必须安排好洋洋的活动，否则洋洋妈妈很有可能会"跳"起来。

果然，洋洋妈妈毫不犹疑地选择了前者，并向我表示了感谢。

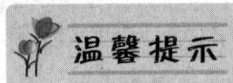

这个问题的出现，主要是家长与教师所处的角度不一样。教师组织活动更多是从有利于大多数孩子的角度出发，而家长考虑更多的是自己的孩子、自己的情况。

出现类似的问题，教师首先需要换位思考，理解任何周密安排的活动，都有可能对家长产生现实的问题。这些问题造成家长对活动的抵触，教师要对这种抵触表示理解。因为作为监护人的家长，比我们更能体会在养育孩子成长过程中的甜酸苦辣，有更多的现实问题，所以切莫简单地给家长冠上"难伺候"的帽子。要站在家长的角度思考他们提出的问题。

如果在问题产生的初期，教师不能变换角度妥善地处理，那么家长对活动的抵触很有可能发展到对教师、对幼儿园的抵触，将会给教师今后的家长工作带来很大的难处。

如何来解决这些问题？教师必须明确幼儿园的双重职能：教育职能和解决家长后顾之忧的服务职能。教育职能包括对孩子和家长的教育，如针对乐乐奶奶，教师执行的即是教育职能，用委婉的方式跟奶奶沟通祖辈教养问题，最终使奶奶接受教师的建议。在洋洋妈妈的事例中，教师完成的是服务功能。教师心中要有这两个职能。

在开展此类活动时，幼儿园需要注意：

- 对活动要有周密的安排，除了活动的教育意义，还要尽量考虑到家长的困难与需求，尽量减少非双休日的外出活动，做好策划书，制订好安全预案，安排好人员。
- 教师对活动的安排要有清楚的了解，做好各项安全措施。
- 使每位家长明确活动的目的与方案，尽量帮助家长解决困难，建立起家长对幼儿园、对教师深度的信任感。

40. 急治与安慰
——当幼儿误吃东西进食管时

情景再现

小朋友们正在很安静地坐着看迎新年合唱表演。突然我听到一声大叫："老师，我把扣子吞下去了！"紧接着是一阵哭声。我连忙赶了过去，原来甜甜衣服上的扣子掉了下来，她拿在嘴里咬，一不小心把扣子吞了下去。甜甜的哭声，夹杂着小朋友的惊呼声，顿时场面乱成一团。

幼儿教师临场应变技巧60例

临场应变

现在有两方面事情需要处理：一是马上了解甜甜的真实情况，稳定她的情绪，避免造成深度的伤害；二是稳定现场骚乱的孩子的情绪，从而集中精力对付突发事件。我和配班老师即刻兵分两路，我关注甜甜，她稳定现场，同时保育员负责马上通知保健医生。

甜甜呼吸很顺畅，说明扣子没有跑进气管里。我又检查了她的衣服，我要确认扣子是真的被咽下还是甜甜误以为咽下。检查发现她的衣服上确实少了一个扣子，口袋及周边也没有发现扣子。边上的小朋友提供线索：刚刚看到甜甜手里有一个圆圆的小钮扣。于是，我要求她身体前倾，同时轻轻拍打她的肩胛部位，并且安慰她平复情绪。这时，保健医生到场了，我简单地向她描述了情况。

保健医生采用了轻拍、催吐的方法，结果失败，我们立即把甜甜送往医院。在送往就近医院的途中，我给甜甜妈妈打了电话，告知了她事情发生的整个过程。医院拍片结果发现，扣子已经落进了胃里，只要多吃高纤维的食物将扣子排泄出来就不会有问题。这时甜甜妈妈也赶到了，我及时将结果告知了家长和园领导。事后，我就事件本身对甜甜和全班小朋友进行了教育：以后千万不要把不能吃的东西放进嘴里，非常危险。

温馨提示

类似突发事件发生后，教师要第一时间通知保健医生或拨

第四章 大型活动中的临场应变技巧

打120,由专业人士决定采取何种措施,不要擅自行动。教师需要做的是了解清楚事情的来龙去脉,安抚幼儿的情绪,为医生的检查和采取措施创造条件。因为同样是口腔进异物,不同的异物采取的措施也是不同的,如上述事件中因为进的异物是圆圆的纽扣,所以采取让孩子身体前倾、拍打肩胛骨部位和催吐的方法;如果异物是比较尖锐的东西,那就不能擅自采用这样的方法,要防止吐出来的尖锐异物划伤食道、口腔壁等。

当然在紧急情况下除外,如异物进了幼儿的气管。幼儿有时会将比较小的物品放在口腔里含着玩,一不留神或讲话时突然卡到气管里,这时,教师应将孩子横放在自己的膝上,头朝下,一只手放在孩子的胸部,另一只手在孩子左右肩胛之间拍打。这种情况非常危险,有时瞬间就会夺去幼儿的生命。教师应当边救治边请保健医生,并及时将孩子送往医院。

下面提供一些口腔、鼻腔、耳道、阴道异物及鼻出血处理的方法,以备教师不时之需:

(1) **口腔异物**。幼儿就餐时由于神经系统发育不完善,调解机制较差,如果没有好的进餐习惯和秩序,如吃饭讲话、打闹等,就容易将鱼刺、鸡骨等卡在咽部。发生这种情况后,教师不要让幼儿通过吃饭或喝醋等强行咽下,这样会划伤食道,引起其他疾患。教师应细心了解情况,让幼儿张开嘴仔细察看,或带到保健室处理,用镊子将卡在咽部的刺取出。

(2) **鼻腔、耳朵及阴道异物**。幼儿有时也会模仿别人流鼻血塞棉球现象,将细小的纸球、黄豆等物品塞进鼻腔、耳朵。小女孩看到母亲上厕所换卫生巾,不明白是怎么回事,大人越躲闪,她越好奇,也找块纸叠成一个小块塞到阴道里。这样的例子很多,教师发现后一定要请医生及时处理,不可大意。

（3）**鼻出血**。鼻出血的常见原因是外伤，如跌跤、被擦撞等。此外，还有内科疾病如白血病、血小板减少、伤寒等。发生鼻出血时，让幼儿采取半卧位或坐位，不要让幼儿低头或采用后仰位。教师要弄清楚是哪侧鼻出血，用手捏紧两侧鼻翼，压迫止血，数分钟即可，也可用棉球塞进出血鼻腔止血。还可以用浸过冷水的毛巾或毛巾内包冰块放在幼儿的前额部，或让幼儿的双脚浸入热水内，都有利于止血。如经过处理仍不止血，应立即将幼儿送往医院进行检查处理。

41. 控制现场和安抚家长
——当幼儿意外受伤时

情景再现

春暖花开的时候，幼儿园组织小朋友春游，孩子们像一群快乐的小鸟兴致勃勃地观赏着路边的美景。我正在给孩子们讲解花草的名字时，传来孩子的尖叫声："老师，远远摔跤了！"我赶紧跑过去，只见远远趴在地上，额头上红红的，有撞过的印迹，他抬着头苦着脸对我说："老师，我很痛！"

临场应变

我一下子紧张起来，有点措手不及。但马上又冷静下来，意识到孩子现在需要我的帮助，我必须冷静地处理远远的问题，使我们的春游活动正常地继续下去。我马上安排另两位配班教师组织孩子找一块空地坐下来进餐，请保育员马上通知保健医生到场。

我疏散了远远身边的人群，蹲在远远身边问他："远远，哪里痛？"远远涨红了脸，只是重复着："疼！疼！"

我快速看了一下当时的场景，一片鹅卵石小路，远远整个人趴在地上，头上有碰过的淡淡的红印，没有出现乌青，一只手压在身体下面，两条腿保持着分叉的姿势，从样子来看如果受伤，手受伤的概率比较大："远远，哪里疼？你能站起来吗？"远远慢慢地自己站了起来，看起来腿应该没问题，但他的手臂一直保持着摔倒时的姿势。我继续问远远："真勇敢，告诉老师，哪里疼？"远远用眼睛看看手臂。我仔细看了他注视的部位，除了表面稍稍有点红没有异样，但他固执地保持着弯曲的姿势。我赶紧找了路边的椅子让他坐下来，同时请保育员拿来浸过冷水的毛巾轻轻地敷在他有红印的额头上。

保健医生闻讯赶来，给孩子做了检查，结论跟我的判断差不多。孩子的手臂表面看来没有异样，但鉴于孩子的表现，我和保健医生还是把孩子送到了附近的医院，并通知了园领导和孩子家长，拍片结果显示：骨裂。

家长看着孩子缠着纱布的手臂，脸沉了下来。我拍拍保健医生的肩膀，相互鼓劲。我们必须体谅家长的心情，他们早上好好地把孩子交给我们，可是却出了这么大的意外，确实孩子的受伤会对整个家庭造成很大的困扰。虽然在整个过程中我们没有存在失职，但我们还是需要给家长一个交代。所以我当场向家长表示了歉意，讲述了整个事件发生的经过和我们所采取的措施，并向家长表明态度，如果家里没有人照顾孩子，可以将孩子送到幼儿

园。孩子因手臂骨裂所产生的医疗费用由幼儿园承担。

家长在感受到我们的诚意之后，态度有所缓和，经过斟酌他们还是决定将孩子放在家里养伤。在孩子养伤的时间里，我定期给家长打电话，及时了解孩子康复的情况，并将幼儿园的活动、物品及时送达给家长。孩子回园后手臂还没有完全康复的一段时间里，我做了一份照顾方案，包括孩子在活动、睡觉、进餐等在园的时间里教师应该注意的事项，并结合了家长的要求。这一份方案的制订得到了家长的认可，同时因为落实有效，家长心中的不满慢慢地消退，我们的工作得到了肯定。

温馨提示

在活动中孩子意外受伤是很难预测的，作为当事人的教师必须在伤害事件发生后及时处理好两方面的问题：

（1）**要控制好现场，避免伤害事故的升级**。包括现场的处理、孩子伤势的紧急处理、寻求医务人员帮助等。要做好这几点，幼儿园应该注意：

①幼儿园需要有规范的伤害事故处理流程供教职工学习，要求教职工严格按照规章制度办事，不随心所欲。事故处理流程如下：

- 一旦发生幼儿摔伤或跌伤，应立即与园长联系，情况严重需要及时抢救的需在第一时间拨打120。园领导应在第一时间赶到抢救场所或医院，组织处理有关工作。
- 应立即由随去的幼儿园保健医生进行现场急救，对出血的部位进行及时包扎，如有骨折现象的，应将幼儿平躺，尽量减少移动。

- 及时通知家长赶往医院，以便告知医生幼儿的详情及用药情况，配合医院进行治疗。
- 根据事件的不同性质和程度，及时向上级有关部门汇报情况，并积极争取上级部门的指导，严格按上级指示妥善解决好事件的善后工作。
- 马上召开紧急会议，研究事件处理事宜和遏制事件的不良发展，尽量减少损失。

②开展教师应对幼儿意外受伤的培训。通过学习，要求教职工掌握基本的意外受伤紧急处理的方法和基本常识，做到遇事不乱，应对有方。下面介绍几类在幼儿外出活动时易遇到的，需要教师掌握的意外受伤处理方法：

- 跌磕伤：发生跌磕伤时，不要用手揉患处，可用干净的毛巾浸透冷水或用毛巾裹冰块敷在受伤的部位。如果发现幼儿跌倒后，有一段时间意识丧失，几秒十几秒后才有反应，应该注意观察，有无呕吐、嗜睡等，如有应该立刻将幼儿平抱着送医院检查处理。
- 骨折。幼儿跌倒后，身体某部位着地，并且不能立刻爬起来，教师要了解着地部位及当时详情，不要牵拉或强行抱起幼儿，让他自己试着起来，并注意观察受伤部位。如果因为腿、脚等部位发生骨折，幼儿不能站立行走，这时教师应将其他幼儿迅速组织好，请保健医生寻找硬板将孩子托起来送到医院救治，否则，孩子骨折移位将影响医生治疗。
- 扭伤：轻微的扭伤可用冷水浸湿的毛巾敷于伤处，24小时后再用红花油等药物涂沫于伤处。若扭伤严重出现肿胀或淤血时，不可让幼儿走动，要立即将其送往医院治

疗，对四肢等某个部位的严重扭伤，可先用绷带等在扭伤的上下部位做固定包扎处理。

- 烫伤：发现幼儿烫伤后要立即用冷水冲洗烫伤部位或将烫伤部位浸入冷水中15~20分钟，皮肤没有破损时，可以涂湿润烫伤膏，保护皮肤。如果幼儿是穿着衣服鞋袜被烫伤，一定不要直接将衣物脱掉，更切忌用手揉搓烫伤处，而要用剪刀轻轻剪开幼儿的烫伤部位的衣物，视幼儿烫伤的具体情况用纱布包扎处理后及时送往医院治疗。

③安全预案的制订。组织幼儿外出活动前，要制订详细周密的活动计划，了解活动场地，排除安全隐患，知道距离活动场地最近的医院，有及时与园领导、保健医生、家长联络的方式，配备一切可以处理意外受伤的医护用品。

(2) **稳定家长情绪，与家长做好如下沟通：**

- 真诚致歉。
- 讲明受伤过程及紧急处理的情况。
- 征询家长对该事件的意见，满足家长的正当要求。
- 做好事故善后处理工作，包括及时与有关保险公司联系索赔事宜，做家长或亲属的安慰工作等。

42. 冷静与自救
——当车辆发生交通意外时

情景再现

秋游回来的路上,孩子们高兴地在大巴车上交流着各自的见闻。忽然我感到车子一阵猛烈的碰撞,同时头重重地撞在汽车扶手上。车子马上停了下来,我缓过神来,意识到我们发生车祸了,车内一片狼藉,孩子的哭声、散落的书包乱成一团。

临场应变

发生这样的意外事件,容不得我拖延时间,我必须稳定孩子们的情绪,了解他们受伤的程度,为他们寻求最及时、适当的帮助。

我马上给车内的成人进行了分工,由我负责稳定孩子们的情绪,配班教师和保育员负责检查孩子受伤的情况,保健医生及时处理伤情并确定是否拨打120,让司机检查车子,如果不能行驶,则需要司机马上联系另一辆车子。

我扫视了一遍车内,抱起了因为受惊而啼哭的小米,还好在孩子们落座的时候我们都为他们系好了安全带,司机当时的车速也不快,所以这次车祸没有造成特别大的伤害,基本都是因撞击引起的碰伤。我安抚了几个因受惊企图从椅子上站起来的孩子,对大家说:"小朋友别怕,老师在这里呢!请大家在自己的位子

上坐好,我来告诉大家发生了什么事情。刚才有一辆汽车闯红灯,跟我们的汽车撞了一下,现在没事了。是不是有小朋友撞到头了?"有小朋友叫:"老师,我撞到了!""好的,肯定很疼,现在三个老师在给你们检查,你哪里疼了告诉她们。"

这边三位老师对全班孩子初步的检查也有了结果,四五个孩子在碰撞的时候手臂和额头蹭破了皮,保健医生做了初步的处理。司机联系了新的车子也已经快到了,我于是把情况跟园领导进行了汇报,听取领导对事故处理的意见。

综合各方面的原因来考虑,园领导决定将受伤的孩子送往医院,对伤口进行专门的处理。于是,我指挥司机把受伤的孩子送到了附近的医院,由我和保健医生陪着;再由配班教师和保育员随车把其他孩子送回园,我再三交代对回园的孩子注意观察,并做好家长工作。另一方面园领导派车来到医院,亲自迎接幼儿回园,并出面向家长致歉、说明原因,同时由园部出面落实租车公司对幼儿的赔偿问题。

温馨提示

出现这样的情况很考验教师的临场应变能力,除了前面我们说到的外出活动前需要制订好周密的安全预案、清楚了解事故处理流程外,教师还需要有非常好的心理素质,根据事故的大小,组织好现场,采取相应的措施。

同时,这是一个涉及第三方的幼儿园伤害事故,警示幼儿园在开展活动时如果需要第三方参与的话,这个第三方必须是正规、有资质的,比如上例中的交通运输,以及幼儿园会涉及的食品供应方、教玩具供应方等等,这样即使出了问题也完全可以得到法律的保障。

这几年幼儿园伤害事故频繁发生,如火灾、外来入侵等,要保障孩子的生命安全,关键还是要教给孩子一些自救的方法,以备不时之需。比如,幼儿园每学期针对不同的安全事故设计、安排一些安全演练活动,在实际的演练过程中使孩子掌握和熟知在相似的情景下正确的应对方法和自救技巧,同时也使教师在处理类似事故中有章可循。

幼儿园还要积极开展对家长的培训,利用家长学校、家长会向家长传达幼儿自救的一些方法,如孩子被困在车里可以用鸣笛、开启故障警示灯以及拍打车窗等方式引起周围人的注意。或者为孩子事先准备一张A4大小的白纸,用较粗的字体在上面注明"我需要帮助"的字样,并写明家长的电话。将这个纸片随车携带,并告诉孩子,万一遇到困难可以将其取出,出示给其他成人,以便他人能够帮助他尽快与家长取得联系。

43. 理解与尊重
——当幼儿突然不愿意上台表演时

情景再现

一年一度的"六一"儿童节到了。大班的诺诺将要在"六一"舞台上为大家表演唱歌,爸爸在为诺诺穿表演的服装,妈妈在不停地给诺诺指导:"你看,这个小朋友笑得真甜,你等一下也要这样!""唱歌的时候声音要大一点,对准话筒!""宝贝,一定

要加油,小朋友都等着给你拍手呢!"……确实,小朋友们都准备好了为诺诺拍手,大家都说诺诺加油!可是在这个时候,诺诺却开始低着头不说话,抱着妈妈的腿不肯配合穿演出服。在爸爸妈妈再三的追问下,诺诺小声地嘀咕道:"我不想唱歌了!"妈妈急了,一时之间束手无策,找我寻求解决的办法。

临场应变

当我赶到时,我发现诺诺在哭,诺诺妈妈在一个劲儿地鼓励诺诺:"宝贝乖,你唱得可好了,上台去唱给大家听多好呀!"诺诺爸爸在生气地批评他:"一定要表演的!"一家人乱成了一团。我意识到现场的这一切对诺诺造成了很大的压力:大舞台、独立表演、爸爸妈妈的期望值,这一切无形中让孩子喘不过气来,现在唯一需要做的是尽快让孩子松弛下来,讲出她心里的想法。

离节目开始的时间很短了,但我还是把诺诺从她父母身边带开,抱着她坐了下来,用很轻松的口吻问:"怎么了?不想上去?"诺诺低着头没有说话,我摸摸她的头:"没关系,实在不想上去也可以,就是这么好听的歌,小朋友们听不到了!"诺诺抬头看看我:"我下次唱给他们听。""这样啊,好吧!"我点点头。诺诺弱弱地看着我,笑了,整个人松弛下来!

可诺诺的爸爸妈妈不放弃:"诺诺你看,台上的小朋友表演得多好啊!上台表演是很光荣的事情,你不去太可惜了!""你不去表演小朋友会笑你的!"诺诺的眼光转向我:"老师!""好吧!"我说,"我保护你,但你要告诉我为什么不愿意表演?"诺诺低头小声说:"我不敢!""哦,原来是这样,这好办!我有个好办法能让你不害怕。"诺诺睁大眼睛："什么办法？""我跟你一起表演呀！"诺诺怀疑地看着我，我朝她点点头："现在有两种办法，第一种是老师陪你一起上台，站在台边上跟你一起表演，这个办法让我们都在台上，可是你在唱歌的时候看不到我；第二种办法是我站在台下离你最近的地方，你可以一直看着我唱歌，我可以朝你笑，朝你挥手！你觉得哪种办法比较好？"诺诺沉默了，似乎在思考。"要不这样好了，两个办法都用上"，我趁机给她出主意："让妈妈陪你上台，在舞台边上陪你，老师和爸爸在下面看着你，跟你一起表演。"我抱着诺诺，凑近了她的耳朵问："你说好不好？"诺诺最终还是接受了我的建议，但她要求唱歌的时候不做动作，在妈妈试图劝说还没开始的时候，我就立马答应了诺诺的要求。

表演的过程中，诺诺确实没有做动作，也有点紧张，眼睛一直寻找着台下的我，我遵守着诺言：朝她微笑、招手，配合她的演唱做动作，还在表演结束的时候给了她一个大大的拥抱，并告诉她："演出结束了，一切就是这么简单！"

温馨提示

在各种大型演出活动中确实会出现上述情况。孩子被现场的气氛、环境震慑了，出现了意想不到的情绪变化，或紧张或异常兴奋等，表现出让成人始料不及的行为。出现这样的情况，说明孩子很敏感，对自己要求很高。因此成人切记要控制自己的情绪，告诉自己：孩子只是紧张了。

（1）应对孩子突然变卦的方法。

①理解。当然也有孩子因为身体原因、突发事件或愿望得

不到满足等而表现出不愿配合。但不管何种情况，理解孩子是第一步。

②放松。第二步需要和孩子一起放松，形成对话直面问题。在大型活动中，成人总是会希望孩子有完美的表现。为了实现这个目标，成人会表现出很不淡定的一面，他们不停地横向比、纵向比、传授经验、指导要点，也不管孩子能不能消化。结果这些跟现场的气氛一起对孩子形成了巨大的压力，成人应该做的是：抱着孩子一起以轻松的心态看看演出，吃吃东西，聊聊天，设想一下演出结束后的活动安排等。成人只有淡定，孩子才会有良好的心态，切莫让成人的紧张心理影响到孩子。这样孩子出现状况的机率比较小，即使出现状况成人也容易与孩子沟通、进行对话，及时进行疏导。

③尊重。第三步是最重要的一步，即尊重孩子。在此类事件中，孩子的情绪是容易被激化的，成人需要在认可、顺应孩子的基础上与孩子对话，了解孩子内心的真正想法，同时在对话的基础上，给予孩子建议与帮助。所以在上述事件中我首先答应孩子"不想表演也可以"，继而再跟她谈谈为什么不愿意表演，进而再帮孩子想出更好的主意，让孩子接受得顺理成章。需要说明一点的是，如果孩子坚持自己的想法不愿上台，成人也需要尊重孩子的选择。当孩子被尊重时，自尊最可能得到发展。

(2) 避免孩子突然变卦的方法。

上述几个步骤是在事件突发之后采取的，那么在这之前呢？这个事件又在提示我们什么？我们要如何减少此类事件的发生呢？

很明显这个事件主要关乎孩子的自信心问题，临场的退缩是否意味着孩子的自信心不足？在日常的生活、教学当中，我们怎样才能培养起孩子强大的自信？

我们现在在教养孩子的过程中，习惯于表扬孩子，"你很棒"、"你是最厉害的"。孩子可能会因表扬而很高兴，但是我们很难知道，什么时候赞美会因为给得太频繁而失去它的价值，反而被孩子认为是空洞的。一旦孩子习惯于时常被赞美，当偶尔没被赞美时，他们很可能会以为别人在斥责他们；作为成人，我们也很难一直持续给予孩子有意义的赞美。

所以，比较可行的办法是帮助孩子处理所面临的负面反馈、挫折及失败。当孩子从事一些具有挑战性及有意义的活动或互动时，他们往往会遭遇挫折与失败，家长和教师的作用不在于避免失败的发生，而是要帮助孩子建设性地应对挫折，不管这些挫折是孩子得不到想要的东西或玩具，还是活动上的失败。成人可以说："我知道你很失望，不过还有明天，明天你可以再试试看。"当成人能接受孩子失望、挫败的感觉并告诉他们以后还有机会可以再试试时，孩子一般能够面对挫折、失望与失败，也能从这些负面的经验中学习。另外一个办法是，引导孩子从以往的经验中学习如何鼓励自己继续努力。

虽然孩子需要别人对他们的行为与努力给予正面的反馈，但反馈要适量、明确且能充分地提供信息（而非泛泛的赞美或讨好），才能促进孩子的自信。

当学习的环境能提供多样化的活动、当孩子有机会做有意义的决定与选择、当孩子面对与克服的是适当的挑战而非简单的任务时，孩子才能更好地提升自信与自我价值感。比如上例中，孩子能为自己做出参不参加演出的决定。

另外，给予孩子参加团体中的活动与工作的机会，并鼓励他们与别人交流意见（向别人提供意见及接受别人的意见），同时

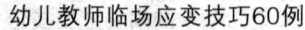

他们也可以用个人的方式对团体做出贡献。当孩子年龄大一点时，可以鼓励他们依据真实而有意义的标准来评价自己。

第五章

人际沟通中的临场应变技巧

❋　❋　❋

孩子受伤了，家长愤怒地打来电话，质问教师；临近教师节，家长送来昂贵的礼物，表示对教师的敬意；家长询问孩子在园的情况，搭班教师为了给家长留下好的印象，向家长说谎；领导交代的任务，教师完成不了，不知道怎么向领导说明……

教师在工作中经常会遇到与家长、领导、同事的沟通问题。教师与家长真诚地沟通配合，能使教育发挥最大的效果；学会与领导和同事换位思考，有利于建立和谐的人际关系。本章的17个人际沟通技巧能帮助教师有效地应对人际沟通中的种种问题，帮助教师建立和谐的人际关系。

44. 公正与委婉
——当家长要求给孩子安排重要角色时

情景再现

"六一"到了，班级准备排一个幼儿舞蹈，这时候露露妈妈跑来找我："老师，听说这次'六一'儿童节班里要排一个舞蹈，我们可以提供表演的服装。"我满心欢喜地向她表示了感谢。露露妈妈接着问："不知道这次舞蹈有几个小朋友可以参加？我们露露很喜欢跳舞，在少年宫学舞蹈，老师都是让她跳主角的。"我讪讪地朝家长笑了笑："露露确实很努力。""那也需要老师的指点，老师给了我们露露很多机会，所以现在露露胆子越来越大了，要多谢老师啊！昨天她还在跟我说，妈妈我这次一定要认真地跳，给老师增光。"露露妈妈就这样笑眯眯地坦然地跟我做着交流。

临场应变

这确实是一位很聪明的家长，先给我上个套，再提要求。本次"六一"舞蹈演出，确实给我带来了困扰：让所有孩子都参加吧，大家水平不齐，不能保证节目质量，如果挑选几个孩子参加则可能使其他孩子失望。

今天露露妈妈的表达，确实也代表了一部分家长真实的心态，大家都希望孩子有表现的机会，我能理解。同时，给予每个孩子表现的机会,也应该是我作为教师的责任。至于孩子能不能跳主角,我觉得教师需要尽可能地满足家长的正当要求,但更要对全体孩子负责,需要做到公正,不能被个别家长牵着鼻子走。

所以,我坦然地回应露露妈妈:"谢谢家长对我们活动的支持,孩子们每一次在全园面前表演,都是一次展示班级面貌的机会,正是因为有家长的支持我们才能每次都有一个非常好的亮相。真的非常谢谢你告诉我孩子真实的想法,我想有这样想法的孩子肯定很多,大家都想为班级争光。您今天跟我这样一说,真的是提醒了我,我们应该给孩子创造更多的机会让他们表现自我,这次我们一定考虑一个让更多孩子参与表现的机会。谢谢你,露露妈妈!"

露露妈妈没有多说什么,表示了感谢就回去了。我在想,她一定在密切地关注着老师怎样安排舞蹈演出人员,关注着老师怎样兑现承诺。

我跟配班老师专门就这件事进行了讨论,本着让每个孩子都参与表演的思想,开始舞蹈的编排。我们放弃了每次舞蹈中突出几个主角的思路,设想让每一个孩子都成为舞蹈的主角;我们还将舞蹈动作难度降低,变化减少,以分段式的形式来展开。同时注重服装、道具、舞美上的变化,来提高舞蹈的可看性。

这次的舞蹈并不是我们最精彩的一次演出,但是从现场来看,是获得关注度最高、家长认可度最高的一次演出。所有家长都积极参与了本次演出,露露虽然没有成为妈妈想象当中的主角,但露露妈妈对老师的安排没有一点异议,也提不出一点异议。

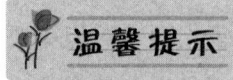

站在家长的角度，其望子成龙的心态应该得到教师的理解，特别是一些个性内敛的幼儿，在班级里不太出挑，家长期望通过一些方式帮助幼儿争取一些机会让孩子自我表现，教师应该对这样的心态表示理解。但当家长的一些要求超出了正常范围，教师应该如何处理呢？

(1) **立场公正**。教师必须要站在全体小朋友的立场，有一个公正的心态。这是作为教师应该具有的最起码的师德和道德底线。

(2) **分析家长的要求，学会委婉拒绝**。要对家长提出的要求进行分析，看其是否已经超出了公平、公正的底线。如果没有，尽可能帮助家长实现愿望，如露露妈妈表示希望露露能参与本次舞蹈表演，教师觉得是一个正当要求，应该给予每个孩子参与表演的机会；继而露露妈妈又表示希望让露露跳主角，老师觉得这个要求与本次活动提倡的目标偏离了，作为老师不能在这样的场合下答应家长的要求，那么教师如何拒绝家长呢？

在拒绝家长的时候，教师要掌握委婉的方式，不能正义凛然地直接把家长的要求顶回去，这样会使家长下不了台，从而影响今后家长与教师之间的沟通。

如何做到委婉呢？教师不妨对家长采取回避的态度，给自己一个思考和缓冲的余地。教师可以避开家长的意图，选择家长话语中正面的观点，如上例中避开露露妈妈想让露露跳主角的意图，抓住让幼儿参与表演的话题来展开，同时站在一个公正的立场给予露露妈妈高度的肯定，这样一方面委婉地拒绝了她，另一方面让露露妈妈清楚地明白老师的观点与立场。

45. 体谅与沟通
——当家长送孩子入园后不愿意离去时

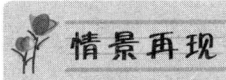

早上越越来幼儿园的时候红着眼睛，跟我问早以后别扭着不肯跟妈妈说"再见"，越越妈妈对我尴尬地笑笑然后走出教室。可是没过多久，透过窗玻璃我看见越越妈妈忧心忡忡的脸。这时越越妈妈也发现了我的目光，不好意思地掉头走开了。但是等我带着孩子们下楼做早操的时候，虽然越越妈妈在幼儿园大门口的柱子后面躲得很隐蔽，还是被眼尖的孩子发现了她的身影，冲着她站立的方向大喊："越越妈妈好！"

临场应变

我为了避免孩子们受到影响让他们赶紧回到活动状态，于是说："宝贝们，咱们跟越越妈妈说再见吧！"孩子们用甜甜的声音说了"越越妈妈再见！"而越越妈妈也笑着冲孩子们摆了摆手。虽然是三步一回头，终于还是走出幼儿园大门离开了。

虽然越越妈妈走了，但是越越妈妈不安的眼神还是让我非常介怀。回教室以后我细细地过了一遍早上的情景，显然越越妈妈的行为传达着担心的信息。所以当务之急是寻找"担心"的原因。我仔细观察着越越的表现，并没有发现有什么异常，回想越越早上眼睛红红别别扭扭的样子，也许是被妈妈"教训"了。越越是

个自尊心强的孩子,如果直接问她一定不乐意把早上的事情告诉我,所以需要一些旁敲侧击弄清楚事情的来龙去脉。于是我把越越叫到身边,小声地问:"越越,早上上幼儿园之前是不是哭鼻子了?"越越听完瞪大了眼睛:"你怎么知道?"我故意神神秘秘地在她耳朵边上说:"我不只知道越越哭了,我还知道妈妈也哭了呢!""她才没有哭呢!她骂我的时候样子超级凶!"越越有点激动地说。"骂你啦?"我装做吃惊的样子并且为越越打抱不平说,"越越那么乖,妈妈怎么会骂你呢?太不应该了!"小姑娘有点不好意思起来:"其实是我吃饭慢还故意把稀饭打翻惹妈妈生气了。"听完越越自己的告解,我也弄明白了事情的始末。越越妈妈之所以久久不肯离开,一定是在家还没有将事情处理完,所以担心女儿在幼儿园闹情绪。

我决定帮助越越妈妈将事情理顺,我很认真地对越越说:"妈妈真的哭了,因为越越哭了妈妈比越越还难过,妈妈心里在哭呢。"听到这,小姑娘似乎伤心起来,我继续说:"其实我们越越有点后悔把稀饭打翻了对不对?妈妈也后悔冲你发脾气呢!早上妈妈走的时候怕越越还在难过,很不放心呀,你都看见了,对吧?"越越听了点点头,最后我说:"所以越越在幼儿园要开开心心的,妈妈才不担心对不对?还有回家要记得跟妈妈认个错哦!"越越欣然答应了,然后继续去跟小伙伴们快乐地游戏。

趁着越越和好朋友嬉闹的时候,我把孩子开心的样子拍了下来发给越越妈妈,不一会儿就收到了回信,越越妈妈非常感激,并且主动说起了早上在家的情形,正如越越诉说的以及我所判断的一样,只是早上送园的时候不好意思告诉老师,自己一直暗地担心着。我赶紧回复信息进一步开导,并且借这个机会告诉越越妈妈,孩子有任何问题都可以及时跟老师沟通。放学的时候,越越看见妈妈说的第一句话就是:"妈妈,早上我错了,你原谅我吧!"越越妈妈抱起女儿看着我,眼睛里写满了感激。

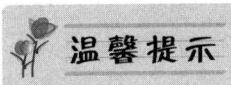
温馨提示

　　教师与家长的良性互动,始于相互之间的体谅。作为教师,自然希望得到家长对我们工作的认同与尊重。而在家长体谅我们照顾一大群孩子的辛劳的同时,他们同样需要我们教师的理解。家长送孩子入园后不愿意离去,若是消极地去想也许是家长对教师的不信任。可是站在家长的角度,这个行为也许真的只是内心不安的体现。这在新生入园时期尤为明显,新入园的孩子存在分离焦虑,症状同样会出现在家长身上。现在大多数的家庭只有一个孩子,自然视若珍宝。从呱呱坠地到蹒跚学步,在进入幼儿园过集体生活之前,孩子鲜有离开家长的关注独自应对的时候。当孩子不在自己的视线大半天乃至一整天的时候,家长最初的不习惯是正常的,而对孩子方方面面的担心也会自然而然地产生。更何况,在孩子入园以前,家长同老师都还只是陌生人,他们将自己如珍如宝的孩子,交给一个近乎陌生的人来照料,其实真的需要勇气,他们会担心、会怀疑、会不放心都是人之常情。当教师面对家长这些心理活动的时候,如果抱着抵触的态度,只会让自己徒增不满,对问题不会有任何改善。如果学着站在家长的角度看问题,理解他们的不安,体谅他们的紧张焦虑,随着时间的推移和相互了解的深入,信任的形成是顺其自然的过程。

　　当然,家长送孩子入园后不愿意离去的现象也不光发生在孩子入园初期,在之后的幼儿园日常生活中也偶有发生。此时,教师多方面思考家长"不放心"的原因是十分必要的,但是更重要

也更能快速解决问题的方法是家长与教师直接交流。也许是孩子有生理上的不适，也许是孩子情绪上的反常，或者入园前孩子发生的不愉快的事，诸如此类的问题，家长只需要简单的交代就会为教师解决问题节约许多环节。就像上述事件，如果越越妈妈尽早说明原委，教师就可以及时给以信息的反馈，帮助家长。也许会有性格内向的家长不太愿意主动提及家中发生的事情，所以当教师发现孩子入园时出现异常状况可以主动向家长询问。教师多问一句"孩子在家好不好"，多多向家长传递信息"我懂你"，尽早跟家长达成"孩子的事是大家的事"的共识，相信做到"让家长放心"并不是件多么困难的事。

46. 转移注意力
——当幼儿离园家长急于和教师交谈时

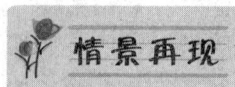

离园时间到了，家长们都在教室门口耐心地等待教师挨个点到小朋友的名字将自己的孩子领回，只有牛牛外婆满脸焦急地将身子探进教室张望。我以为牛牛外婆急着将孩子接回，所以先朝牛牛招招手说："牛牛赶快来，外婆来了！"孰料，老人家一把拉过我的手说："不急不急的，我是有话想跟你说！"然后吩咐牛牛："你去位置上再跟小朋友说说话，外婆有要紧事情跟老师商量！"

第五章 人际沟通中的临场应变技巧

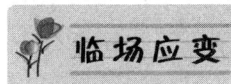 临场应变

一边是态度坚决急于和我交谈的家长,一边是正在离园的孩子。作为教师,我首先要考虑孩子,但是牛牛外婆是位非常敏感的老人家,如不及时给予回应势必影响她的心情,家长心情不好一定会给之后的沟通带来不必要的障碍。但若立即回应,则牛牛外婆又有着老人家说话事无巨细、不说完不罢休的特点,一时半会儿结束不了就会影响我去关注后面稍晚来接的孩子。所以,此时我应该尽可能地建议牛牛外婆推迟谈话,并稳住老人家的情绪。

首先,得让牛牛外婆的心情放松些才行。我快速地回忆人际交谈中能够缓和气氛、放松情绪的方式:面部表情、交谈时的坐立状态以及对话双方距离的调整都有可能改变氛围。于是,我搬了把椅子,满脸笑容地对牛牛外婆说:"外婆您先坐!不好意思,稍微等我一下,有两个孩子的家长已经来接了。"老人家接受了我的建议,但是她年纪已经比较大了,所以行动相对缓慢,我趁着她坐下的空档赶紧邀请孩子,将他们交到家长手中。牛牛外婆在我身边的椅子坐了下来,显然此时她的心情已经没有一开始那样焦急了。

接下来,牛牛外婆似乎已经准备打开话匣子了。我立即想到了转移注意力的方式,以此来争取时间。自然,最能够吸引家长注意力的便是自家的孩子,于是我抢先对牛牛说:"牛牛,你旁边的小朋友已经回家了,要不你来跟外婆一起坐坐吧?"孩子听了,乐颠颠地跑了过来,满脸好奇地问自己的外婆:"是什么要紧的事情呀?""外婆有一些事情要跟老师请教一下,还有要

问问老师宝贝最近在幼儿园表现好不好呀?"听到这,我赶紧顺着牛牛外婆的话接了下去:"牛牛最近表现蛮好的,尤其是今天上语言课,他学儿歌学得可快了。他不止把儿歌全都记住念了出来,而且动作做得可好看了!"牛牛外婆一听乐了,忙问牛牛:"真的吗?赶快表演给外婆看一看!"之后,老人家似乎把要和我谈话的事抛到了脑后,专心地看起了牛牛的表演,而我也正好能够专心帮助其他孩子做离园的准备工作。等到所有的孩子都被接走后,我坐下来同牛牛外婆面对面地交谈,并且细致地解答了她的疑问,老人家最后满意地带着孩子回家了。

温馨提示

离园时分遇到急冲冲的家长,确实是挺让教师头疼的一件事。一方面人多杂乱的情况下,教师对幼儿的关注需要打起十二分的精神,不能有丝毫懈怠;另一方面又不能让心情迫切的家长感觉到被怠慢。一名优秀的教师既是能够掌控全局的幼儿的引导者,对家长也要有四两拨千斤的指引能力。上述事件中,我应对家长时采用了两个步骤,即缓和气氛与转移注意力。虽然我只说了短短三句话,搬了一把椅子,但效果很好。

当遇到像案例中这样心急火燎的家长的时候,教师的耐心是非常重要的,教师千万不能受到家长情绪的影响自己也着急冲动起来,在家长面前无论何时都要保证自己冷静思考的能力,只有这样才能够快速有效地应对。此时,教师向家长所传递出的态度信息,必是亲切温婉、乐于帮助家长解决问题的。当家长感受到教师的真心诚意时,才有可能缓和态度理解教师,教师也才能够获得与家长协商交谈时间的余地和掌握整个谈话的主动权。在措辞的选择上，征询的语气会比要求和命令更容易缓和气氛和让家长接受。如果家长急于提问，教师则可以先选择能够一两句话回答完毕的问题第一时间向家长做出反馈，令家长不至于感觉被冷落和无限期等待。最后，一旦教师能够抽开身应对家长，则必须耐心聆听家长的讲述，并细致地给予分析和提供建议，毕竟家长是为解决问题而来，不是为了谈话而谈话，只有达到了预期的目的，家长才满意与教师的沟通。

当然，在日常工作中，教师也会遇到实在不能等的家长与当下非完成不可的话题。遇到这种情况，教师可以与保育员暂换任务，请保育员到门口迎接家长安排幼儿离园，自己则站到能全方位关注到教室情况的位置，一边与该家长交流一边关注和管理未接走的幼儿。无论何时，幼儿的安全永远是第一位的。

47. 协商与引发
——当家长寻求教育帮助时

情景再现

丫丫今天又迟到了。九点半，丫丫妈妈急匆匆地搂着丫丫走进教室。此时，我们正准备开始第二个教学活动。丫丫妈妈一边抱怨丫丫，一边说："赶紧赶紧，要上课了……"中午，丫丫妈妈又来找我说："老师，我们丫丫做事情总是慢吞吞的，一大早起来，穿衣服、洗漱、吃饭，都很慢啊，尤其是吃个早饭，磨蹭了快1个小时。她都上大班了，这可怎么办呀？你帮我想想办法。"

临场应变

想到丫丫的磨蹭习惯，确实很令人着急。丫丫妈妈来找我帮助，正是一个良好的家园沟通机会。虽然现在是我的休息时间，还是把这个时间给丫丫妈妈吧！于是，我和丫丫妈妈面对面地坐下来。丫丫妈妈是一个急性子，恨不得明天就能解决丫丫的问题。所以一坐下来，她就不停地和我诉说丫丫动作慢的种种行为。看得出，她只是干着急，没有什么对策。我想还是得引导丫丫妈妈一起想想，有什么对策可以帮助丫丫改掉动作慢的坏习惯。我趁机打断了丫丫妈妈的话匣子，引导性地问："那你有没有想过丫丫动作慢是什么原因呢？"丫丫妈妈一愣，没有说话。我又说："一般情况下，小孩子动作慢可能有以下几个原因：一是孩子的发展不成熟。孩子小，神经、肌肉的活动还不协调，做事情缓慢才把持得住；二是孩子神经的兴奋和抑制强度不同。当神经抑制强于神经兴奋时，孩子的行为可能就表现为反应慢，不灵活，不敏捷。反之，孩子的行为则灵活、敏捷；三是压力大。一方面孩子想玩，另一方面又迫于父母的威严和要求，心理上形成了压力，在行为上体现的就是磨蹭、动作慢；四是没有时间的紧迫感。孩子不知道如果把一件事情尽快做完后会有什么更好的结果。你认为丫丫属于哪一种原因？"丫丫妈妈惊讶地看着我说："啊，有这么多原因啊，我怎么没有去想过，让我想想。""对呀，你只有了解是什么原因造成丫丫动作慢，才能解决丫丫的问题。当然，解决的方法也有很多……"

这场谈话持续了1小时。最后，丫丫妈妈满意地离开了，她决定回去把我们一起讨论的方法试一试，过些日子再给我反馈。

第五章 人际沟通中的临场应变技巧

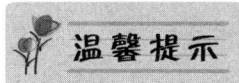 温馨提示

作为家长,在教养自己孩子的过程中,经常会有这样那样的困惑,有的家长会求助于教师。在幼儿成长的过程中,尽管教师与家长都是幼儿成长的"重要他人",但两者在幼儿的发展与教育中扮演的角色具有本质的区别。幼儿教师是专业的教育者,家长是非专职教育者。幼儿教师对幼儿行为问题的审视不同于家长。因此,当教师遇到寻求教育帮助的家长时,应以专业人员的身份来帮助家长,引发家长对问题的正确认知很重要。

(1) **营造平等和谐的氛围**。当家长求助于教师时,教师要以平等诚恳的姿态,营造和谐的谈话氛围。教师和家长是教育的共同体,有着一致的教育对象与目标。教师帮助家长解决问题的过程,也是一个了解幼儿、了解家长、与家长互相沟通的过程。既然是共同体,就应该是平等合作的关系,双方的地位是平等的,教师要尊重家长,理解家长的心情,通过交流尽可能多地了解信息;避免以自己为中心,站在居高临下的角度教育家长。

(2) **运用专业的眼光引导家长分析问题**。幼儿教师是专业的教育工作者,他们与非专业教育者的家长不同。家长对幼儿行为问题的分析更多地停留在现象和表面,对幼儿的担心更多的是感性的。专业的教育工作者则是站在客观的、理性的角度观察分析幼儿,运用专业的知识解读幼儿的问题行为。上述案例中,教师向家长分析幼儿动作慢的四种原因,是非常专业的,涉及神经系统、心理因素等多个方面。这种专业的解读正是家长缺乏的能力,也正是教师区别于家长的。

(3) **提高家长的自我认知水平**。当教师与家长对幼儿的问题

行为达成共识时,在随后讨论策略的过程中,教师要充分激发家长寻找问题解决的方法。因为每个家庭的环境不同,家长的价值观不同,适宜的方式很重要。教师可以引导家长根据自己的家庭环境和人员结构情况讨论对策。比如:三代或四代同堂的家庭与核心家庭(爸爸、妈妈和孩子)解决问题的方式就不同。家长主观认可的策略和教师给予的策略在执行的过程中,效果会有所不同。教师不要急于给家长提各种解决问题的策略,而应以建议的方式帮助家长提高自我认知水平。当教师为家长提出各种策略时,注意策略的简易性和可操作性。切忌理论一大堆,方法不可行。

48. 分离与了解
——当家长彼此间因误会发生争吵时

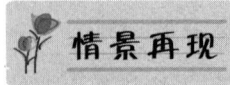

早上,我刚到幼儿园,就听见果果妈妈和豆豆妈妈带着两个孩子在门口争论,果果妈妈责问豆豆说:"豆豆,你昨天为什么不和果果玩?你自己不和果果玩,还让别的小朋友也不和她玩……你以后不能这样对果果。"果果妈妈的语气充满了责备。豆豆妈妈看到果果妈妈的样子,也很生气,大声说:"果果妈妈,你为什么要骂我们豆豆?"两位妈妈的情绪都非常激动。

临场应变

我听了心里"咯噔"一下，意识到事情的严重性。家长当着孩子的面，在教室门口争吵，会伤害两个孩子的自尊心，影响全班孩子的团结，我得赶紧了解情况，制止她们。我急忙走到果果和豆豆面前说："果果、豆豆，你们看，小朋友都已经去玩滑梯了，你们想不想去啊？"两个孩子高兴地说："要去，要去。""那赶快和妈妈说再见，去张老师那里玩吧。"两个孩子离开了妈妈。两位妈妈的脸色还是很不好看。我想，两位妈妈都在气头上，在一起可能又会控制不住地争吵起来。再说，自己对事情的经过还不了解，看上去事情的起因是果果妈妈，豆豆妈妈根本不知情，还是让果果妈妈留下，我先向她了解清楚事情的经过。于是，我对豆豆妈妈说："你先去上班吧，豆豆在幼儿园没事的，我和果果妈妈谈一谈，了解一下情况，有事情我会联系你的。"豆豆妈妈走了。我向果果妈妈了解情况，原来是我们班昨天有一个分组的活动，要求孩子们自由分组，结伴游戏。果果妈妈听了孩子的片面叙述，认为豆豆不让果果参加，就非常生气，还对我们分组的做法表示异议……

其实，昨天的情况我很清楚，是豆豆这一组的人数已经满了，所以豆豆建议果果去另一组，并不是有意不让她参加。果果在这一事件上表现出了交往问题，我想刚好利用这个机会让果果妈妈认识到这一点并与我们达成共识。我把昨天的情况向果果妈妈进行了说明，又和她分析了果果的性格特点以及怎样将眼光放长远，为培养果果的合群能力、为她上小学做好准备。我又提醒她，我很担心今天的事情会影响她和豆豆妈妈的关系，毕竟两家

住在同一个小区,两个孩子也会经常一起玩,而成人之间的良好交往也会给孩子树立起好的榜样。果果妈妈也表示会和豆豆妈妈做好解释工作的。

温馨提示

很多矛盾起源于误会。有时候,家长会和教师产生误会,也会与其他家长产生矛盾。产生误会的家长往往喜欢听孩子的一面之词,认为自己孩子说的都是正确的。他们不经过调查、分析就妄下论断,因此发生矛盾。而误会和矛盾不利于家园教育的和谐,也不利于幼儿之间的交往。因此,遇到这类问题时,帮助家长消除误会是解决问题的根源。当家长之间发生误会时,教师处理得当很重要。

家长间因误会发生矛盾时,教师要及时隔离矛盾的双方,不要让两个都在气头上的家长过多接触,激化矛盾。教师首先要和产生主要矛盾的家长进行交流,了解原因。当原因不明时,教师要做好广泛的调查(向当时在场的教师、幼儿、另一方家长调查),掌握事件真相。教师在与家长的沟通中,应多采用"我"的句式,来获得家长的认同与支持。比如,"看到你在孩子们面前这么愤怒的样子,我怕孩子心里会不安。""你今天这样对待豆豆妈妈,我很担心你们间的关系会受到影响",等等。使用"我"的句式能让家长感受到教师对他的理解以及对幼儿的重视,有助于平息家长的愤怒情绪,为解决矛盾创造条件。当误会能当场得到解决时,教师不要忽视另一方的家长,要给予另一方家长回应。

第五章　人际沟通中的临场应变技巧

49. 用事实说话
——当家长对教师的教育指手画脚时

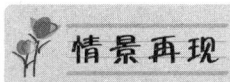

上午，我收到娜娜奶奶发来的短信：老师，我想来和你谈一谈，你什么时候有空？我回复她：中午12:30—13:00，我有时间。中午，我在办公室接待了娜娜奶奶。娜娜奶奶说："这两天娜娜回家后说，她在幼儿园把饭吃完了。你要对她进行适当的物质奖励，维持她的成就感。另外，你还可以在全班小朋友面前对她进行表扬，从正面进行强化。"娜娜奶奶接着又说："娜娜从小就是由我带大的，我很了解娜娜。娜娜说午睡时不太能睡着，希望你能给她换一张床。"

娜娜从小由奶奶带大，奶奶一直对她很宠爱，也很关注。看得出，娜娜奶奶对教育还挺在行，挺有自己的主见，但是娜娜奶奶后面提出的要求不太合乎情理。我应该怎么做呢？只有不卑不亢，以事实说话了。于是，我诚恳地说："感谢您给予我们的建议，娜娜这两天吃饭的确有了很大的进步，我和李老师不仅在全班小朋友面前表扬了她，还奖励了她五角星贴纸，让她感受到老师对她进步的肯定。我们还告诉她，明天如果能把每一样菜都吃完，就请她做值日生负责分碗。娜娜一直期待做分碗的值日生，

因为她吃饭慢，总是让她先吃，所以她轮不到做值日生。此外，我们班每个学期都会给孩子们调换床位，一般会在开学初调换，中途就不能调整了，因为涉及别的孩子。您认为娜娜的床位有什么问题吗？"

奶奶说："娜娜说床位靠窗，窗边会有风，我想有风会影响她睡觉的。"娜娜的床边的窗外是室内阳台，一般不太有风。我对奶奶说："这样吧，我们去午睡室悄悄地看一下，娜娜有没有睡着。"于是，我带着娜娜奶奶来到午睡室。午睡室里静悄悄的，娜娜早就进入梦乡了，还打着小小的呼噜。奶奶看到娜娜睡得这么香，便不说话了。我又带奶奶看了窗外的室内阳台，观察了娜娜床边的窗子，对她说："你看，这是室内阳台，下面的窗子是固定不开的，不会吹到风，这下你放心了吧。"奶奶连连说："放心了。"

温馨提示

一些家长文化层次较高，比较重视对孩子的教育，在教育方面也会有自己独到的见解。这类家长不仅对自己的孩子要求颇高，对教师的工作也比较挑剔。像娜娜奶奶这样的家长，对心理学有一些研究，知道运用一些正强化的方式巩固幼儿的良好行为，但又有一些私心，会找种种借口提出各种要求。

遇到这种类型的家长时，教师首先要有自信，要相信我们作为教师的专业能力和素养，不能因为家长学历高就盲目地听从他们的意见，要始终以从容自信的姿态与家长沟通，赢得他们的尊重。其次，要做好充足的准备，认真仔细地观察孩子的表现，寻找相应的理论支持，并思考指导策略。再次，要摆事实，不要讲空话。和家长交流时,要拿出关于孩子的具体事例,不要直接用一些形容词给孩子贴标签。最后,对于家长的意见要有自己的判断,阐述观点时要有理有据。尤其是对于家长不合理的意见,教师可以直接让家长看现场,在现场分析利弊,更有说服力。总之,教师要以自己的专业素养赢得家长的认同。

50. 聚焦与理解
——当家园的教育观念不一致时

晚上,我接到了芮芮妈妈的电话。芮芮妈妈大声地在电话那头说:"周老师,我们芮芮今天怎么了?膝盖上有一块瘀青,他说是被小朋友踢的。我们芮芮这么可怜啊,你们老师是怎么管的?!你把欺负我们芮芮的小孩的家长电话给我,我要打电话去问他们,为什么要这样欺负我的孩子……"芮芮妈妈一个劲儿地要我说出另一个家长的电话。

孩子在幼儿园受到一些小碰擦时,家长确实会非常心疼,但像芮芮妈妈这样子的家长不多见。平时,芮芮妈妈非常疼爱儿子,生怕儿子在幼儿园会吃亏,受欺负。虽然我们一直认为芮芮妈妈的这种做法不可取,因为过度保护反而会影响和限制孩子的

成长，但是，劝说了几次，芮芮妈妈依然我行我素。虽然，我的心情也给芮芮妈妈搞得很糟糕，但还是耐心地倾听芮芮妈的诉说，感觉她说得差不多了，很果断地打断了她的话匣子，对芮芮妈妈说："今天我是早班，对下午发生的事情不是很清楚，你先别着急，看看芮芮除了膝盖上有瘀青，还有没有别的部位受伤？膝盖是否很痛？如果受伤很严重，最好先上医院检查。"芮芮妈妈却说："他说不痛，能走路的，我想一定很痛的。"我有一点啼笑皆非，但还是耐心地安慰她："还好不是很严重，今天的事情虽然我不了解，但是请你放心，我马上打电话到配班老师那里了解一下情况，等一会儿再给你打电话。"挂断电话后，我立即给配班教师和保育员分别打了电话，了解下午的情况。两位老师一致反映芮芮腿上的一小块淤青是他自己不小心在门边摔了一跤造成的，没有小朋友欺负他。芮芮奶奶来接的时候，他们已经和奶奶做了说明，并道了歉。我立即向芮芮妈妈反馈了这个信息，并再一次在电话里向芮芮妈妈道歉。芮芮妈妈的情绪也比前一次打电话时平和了很多。

温馨提示

观念协同是心理协同中的一个重要部分。心理协同是指家园双方能够站在对方的角度去思考问题，感受双方真诚、善良的愿望以及对对方的信任，希望通过彼此的合作来克服困难。但是，在家园关系的建设中，种种"家园难合作"的事实表明：虽然家长和幼儿园有着共同的目标——促进幼儿成长，但在彼此的合作中有时会不协调，这主要是由家园教育观念的不一致造成的。案例中的芮芮妈对孩子过度保护、对教师不信任等都会影响观念协同的形成。因此,家长与教师的教育观念不一致,不是一朝一夕能改变的。遇到观念不一致的突发事件时,教师要冷静应对,不要急于去纠正或批评家长。在与家长沟通的过程中,教师要注意以下几个问题:

(1) **聚焦幼儿的需要,体谅家长的心情。** 遇到问题时,家长与教师的教育观念不一致会非常突显出来。尤其是面对突发事件,家长的情绪会因事件的影响,而难以控制。教师要处理好自己的情绪,不要在这种时候和家长讨论教育观念的问题,而应把焦点放到孩子的需要或问题上,如关心孩子的伤情、理解家长的心情等。接到家长的这类电话,教师要及时与班内其他教师沟通,了解掌握第一手信息,确定家长所说和事实之间的关系,并及时给予家长反馈,以表示对幼儿和家长的重视。

(2) **理解家长的喜好和价值观,允许观念差异的存在。** 由于家庭文化、学历背景会形成不同的个人价值观。教育观念很大程度上受到价值观念的影响,教师要尊重这种差异的存在,尊重家长的教育观。教师要清楚地认识到,家长才是幼儿的第一任老师,事实上,家长比任何人都了解自己的孩子。当家长与教师的教育观念不一致时,教师要善于了解家长的想法,在尊重家长的价值观的基础上,循序渐进地进行沟通,和家长取得幼儿教育的同感。

(3) **促进家园观念协同,提高家园配合的默契度。** 观念的协同需要通过观念的改造完成,这需要处于主导地位的幼儿园通过多种家园活动有目的、有计划地对家长实施影响,使家长获得观念上的协同。家长宣传窗、家长园地、家园报,甚至幼儿园富有教育意义的环境都在影响着家长的教育观念,实现对家长的观念改造。同时,观念的协同需要建立在"讨论—反思—梳理提升"

的过程中。教师要善于抓住班级工作中的一些小问题，如如何处理孩子之间的矛盾冲突等，引导家长在讨论中进行梳理。梳理的过程是教师和家长共同寻求规律、整理教育理念的过程，更是家长在教师的影响下与教师共同反思，使教育理念和教育行为建立联系并相互转化的过程。建立家园观念协同，有助于提高家园配合的默契度。

51. 真切与亲历
——当家长不理解教育活动时

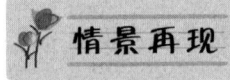

中午，我正在备课，就听到维维爸爸气冲冲地跑进教室，对值班的郑老师大声说："郑老师，你们幼儿园是怎么回事，怎么每天都让孩子擦皮鞋？我可不想让我们维维以后成为擦鞋匠啊！"郑老师连忙问："怎么是每天擦皮鞋啊？"维维爸爸说："这个星期已经连续三天了，回家我问维维在幼儿园玩什么了。维维都说在玩擦皮鞋的游戏，怎么每天都要擦皮鞋，你们不学其他的数学、语文知识吗？"郑老师说："这是维维自己喜欢的事情，我们不能干涉他的。"维维爸爸更生气了，提高声音说："那要你们老师干什么？"郑老师是一位只有三年教龄的年轻教师，本来就不太会和家长沟通，遇到维维爸爸这个态度，她就更加不敢说了。我听她怎么都解释不清楚，便走了出去。维维爸看到我，马上说："冯老师来了，你来说说看，是怎么回事？"

第五章 人际沟通中的临场应变技巧

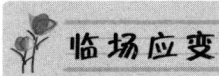 临场应变

我想,维维爸爸应该从来没有看到过我们的操作材料,他并不了解"擦皮鞋"这个活动。所以,我得把我们"擦皮鞋"这个活动的内容和目标分析给他听,才能让他真正了解我们教育的目的。

于是,我说:"维维爸爸,你看到过'擦皮鞋'这个活动的材料吗?"他摇了摇头。我说:"那我带你去看看吧。"我把维维爸爸带到教室的材料柜前,把"擦皮鞋"的操作材料拿出来,给他看,然后说:"'擦皮鞋'是我们个别化操作学习的一项内容,我们把一些学习的目标融入到了擦皮鞋中。维维在玩擦皮鞋的游戏时,不是像你想的那样把皮鞋擦干净就行了。你看,他要把鞋子先按大小不同分类,然后还要分一分男鞋和女鞋;还要把左右分清楚,放正确,最后按顺序把鞋擦干净。你看看,这里面有没有数学的内容?"维维爸爸看着这套材料呆住了。我又说:"这个活动有数学中的分类、排序、分辨左右,你看这么难的数学内容,维维都完成得很好,说明他对数学很有兴趣呀。"维维爸看看我,又看看材料,挠挠头皮,很不好意思地说:"冯老师,我是个粗人,不懂你们的教学,听你这样一说,我就放心了。"我又说:"你不用担心,维维这个星期的注意力在擦皮鞋这个内容上,下个星期会转移的。你看,我们有这么多的操作材料,维维是个聪明的孩子,一定会在玩的过程中学到很多的。"维维的爸爸高兴地回去了。

温馨提示

美国的教育社会学家威拉德·沃纳指出:"从理想的观点出发,家长和幼儿教师在以下两方面享有共同点:都希望事情朝着最有利于孩子的方向发展;但事实上,他们生活在不信任和敌意的环境中。他们都希望孩子好,但是不同的'好',所以由此引发的冲突不可避免。"在幼儿园教育中,总会出现一些家园不能协调一致的问题,当家长不理解幼儿园的教育活动时,会产生困惑,甚至质疑。像维维爸爸能直接来到幼儿园,说出自己的质疑,是能促进家园沟通的良好方式,但如果像年轻的郑老师那样,缺乏专业知识和对教学目标的了解,给维维爸的解答则会苍白无力。因此,教师作为专业的教育者,必须做到以下三点:

(1)**必须对教育目标、内容、对象有着充分的了解。**教师与一般人的区别就在于,他们能用专业的理念来分析问题。他们对教育目标、内容和对象有自己的专业认识。

(2)**运用专业的知识向家长诠释,让家长建立真实的感受。**一个看似简单的擦皮鞋游戏,里面包含了这么多的数学学习内容。幼儿是在游戏中主动、快乐地学习、掌握这些知识的。这样的解说真实、有说服力。

(3)**以真诚的态度感谢家长的质疑与监督。**家长对幼儿园教育的关注是促进我们工作的动力,因此要正确对待家长的质疑和不理解。可以通过一些开放活动、园报、宣传橱窗向家长宣传我们的教育理念和教育方法,取得家长的认可和配合,让教育朝着有利于幼儿发展的方向前进。

(4)**防患未然。**为了预防此类事情再次发生,教师可以在一个月或一个教学阶段给家长写一封信,告诉家长下周或下月将要进行的活动计划,在让家长明了的同时,做必要的配合。

52. 婉拒与回礼
——当家长向教师赠送礼物时

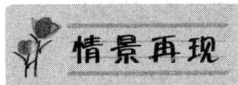

开学初,一大清早,班里来了两三个孩子,我则在一边准备当天的教学材料。这时,嘟嘟妈妈走进教室,手里拎着一大篮水果,说:"老师,明天就是教师节了,这些水果送给您,谢谢您对我们嘟嘟的照顾,祝您教师节快乐!"

教师不能随便收受家长的礼物,这是幼儿园的明文规定,但如何婉拒很重要。再有,边上还其他孩子在,要避免对孩子们产生不良影响。我愣了一下后,迅速缓过神来,把嘟嘟妈妈带到旁边的午睡室,对她说:"您别这么客气,这些都是我们的工作,是应该做的,您不需要送礼物。您的心意我领了,但是,礼物我不能收,请您带回去吧!"可嘟嘟妈妈执拗地说:"不行不行,这又不是什么贵重的东西,是我的一点心意,既然拿来了,您就一定要收下。"看着嘟嘟妈妈眼睛中流露出来的诚挚之情,我很感动,但是真的不能收。于是,我诚恳地对她说:"其实,你平

时很配合我们的工作,经常来幼儿园助教,'六一'节时,还来帮我们一起布置教室环境,你做的一切就是对我们工作最大的支持和帮助,我们应该感谢你才是。如果这些礼物你一定不愿意拿回去,那是否允许我把它和全班小朋友分享?如果可以的话,我就收下。"嘟嘟妈妈听了我这一席话,连忙说:"谢谢老师,可以的。"一场尴尬就这样过去了。

我随后把当天的集体活动调整为:各种各样的水果。孩子们在认识水果后,一起品尝了不同水果的味道,都很开心,而我并没有告诉孩子们水果的来源。

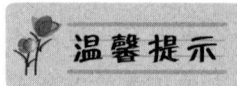

中国素有"礼仪之邦"的美称。因此,"送礼"似乎是人际交往中的元素之一。不可否认,礼物是联系人与人之间感情的纽带之一,但一旦礼物变味了,便成了负担。随着社会经济的发展和人们物质水平的提高,一部分人歪曲了"礼尚往来"本身的意义,而是将送礼作为一种达到特殊目的的途径,这种愈演愈烈的送礼风对幼儿园教师形成了强烈的冲击。教师在遇到家长送礼时,既不能毫无情面地断然拒绝,又不能收下礼物,的确比较难处理。上述事件中,面对家长的礼物,我的处理方法如下:一是避开周围的孩子与家长进行沟通。家长当着孩子的面给教师送礼,教师首先应该回避孩子。虽然孩子都很小,但对周围事物非常敏感,收受礼物的场景会对孩子产生不良影响。二是与家长坦诚交流,明确表示不能收受礼物。同时表达对家长的谢意,尤其是用事实来说服家长,让她明白如何做是对教师工作最大的支持。三是当家长执意不肯收回礼物时,教师给家长留有情面,以与幼儿分享的方式妥善处理礼物，作为教育之用。

"送不送礼"已经让现在的教师节成为一个敏感的节日。这就要求教师，首先，必须要有良好的职业自豪感，明确自己职业的本质。其次，要做好宣传工作。比如，在教师节前夕，可以发布"告家长书"，让家长了解教师职业的特点以及文明过节、尊重教师的做法，让孩子们用自己的方式表达对教师的情感，如画一张画、做一张小贺卡等。最后，可根据礼物的情况予以不同的处理。有些礼物，比如一枝玫瑰花或是孩子们自己凑钱买的一盒糖果，教师不妨高兴地收下，和孩子们一起分享。对于有些过于贵重的礼物，教师则一定要拒绝，诚恳地和家长表明自己的态度；实在拒绝不了时，一定要还礼。有一位教师，由于劳累过度感冒嗓子哑了，一位家长拿来一小包西洋参片剂送给教师表示慰问。该教师觉得实在难以推却家长的盛情，便收下了。过后，该教师用毛线编织了一套围巾帽子送给孩子作为还礼，家长非常感动。孩子即将毕业时，家长还特意将这件事情写在表扬信中，表扬该教师的高尚师德。

当礼物遇到品德高尚的教师时，礼物不再是利益的工具，而是一份珍贵的师生之情。作为教师，只有爱每一个孩子，公平地对待每一个孩子，才能取得家长的信任，让他们放心地把孩子交给我们。

53. 制止与疏导
——当家长粗暴地对待孩子时

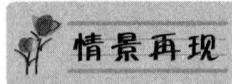

孩子的离园时间到了，今天又是小帅的奶奶来接他。小帅看到奶奶很高兴，可没有朝着奶奶跑去，反而跑到边上那桌小朋友面前，用力一推桌子，导致妞妞摔倒在地上；之后，他又是一推，让贝贝也摔倒了。教室里一下子响起了妞妞和贝贝的哭声。我急忙冲过去拽住小帅说："小帅，不能推小朋友。"保育员听到哭声也赶过来了，扶起了摔倒的妞妞和贝贝，还好两个小朋友没有大碍。小帅奶奶见状，一把拉过小帅，一个巴掌响亮地打在小帅的脸上，然后呵斥小帅："跪下，向小朋友、老师道歉……"小帅一下子跪倒在了地上。

站在一边的我和保育员都惊呆了，一下子不知所措。看着小帅奶奶怒气冲天的脸和眼里充满了倔强与愤怒的小帅，我的心里很复杂！我赶紧制止小帅奶奶的粗暴行为，然后一把拉起跪在地上的小帅，蹲下挡在他和奶奶之间说："小帅做错了，会改正的。奶奶，我们带小帅去办公室吧。"我连拉带推地把奶奶和小帅带到了教师备课室。

虽然我之前就知道小帅奶奶的脾气不好，但没有想到会这样坏。事实上，小帅只有3岁，平时他的爸爸妈妈工作非常忙，基本上没有时间管他。小帅一直由奶奶照顾。以前因为小帅在幼儿园经常打小朋友，和奶奶联系过，奶奶也对小帅经常打人的行为很焦急，所以今天才会这样对待小帅吧。但不管小帅怎么不乖，奶奶都不应该这样对待他，打耳光、下跪，这些会多么打击孩子的自尊心啊！我望着眼前的一老一小，想着该对他们说一些什么。我用温和的眼光望着小帅说："来，告诉老师和奶奶，刚才小帅是怎么了，为什么做这样不好的事情？妞妞和贝贝被你推倒都哭了。"奶奶厉声说："对，你说，为什么？"我轻声对奶奶说："奶奶，别着急，小帅会说的。"又转过头对小帅说："嗯，小帅你会说的，老师听着。"小帅嘟着嘴，轻轻地说："刚才她们不跟我玩。""哦，老师明白了，你是很想和她们玩吗？"小帅说："是的，我看她们玩得那么高兴，我也想玩。""其实小帅是想和妞妞、贝贝一起玩，我们昨天讲的小熊的故事中，小熊想和小老虎玩，他是怎么说的？"小帅说："小熊说，我和你一起玩好吗？""原来，小帅还记得小熊的话呢，真聪明。那你想和妞妞她们玩，可以怎么说呢？"小帅说："和小熊说的一样，我和你一起玩好吗？""对呀，小帅明天这样说试一试，好吗？"奶奶在一边没有作声。

之后，我让小帅去保育员老师那里玩一会儿，把奶奶留下单独聊。我对奶奶说："小帅的情况我了解，您管得很辛苦，看到小帅不乖也很焦急。但您今天这样打他耳光、让他下跪的做法是不可取的。家长经常打孩子会影响孩子的行为习惯形成，孩子的自尊心也会受到很大的伤害。"奶奶说："我实在是太着急了，好好和他说都没有用，这么小的孩子就这样，长大都不知道会怎样。老师，我的责任也很重啊！"面对焦虑的奶奶，我深感同情。我和奶奶就小帅的年龄特点、行为问题以及教养方式进行了深入

的探讨。我要求奶奶无论如何，尽量克制自己的情绪，不能这样待孩子，并让奶奶联系小帅的父母来园交流。

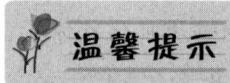

由于是隔代教育加上孩子的问题行为严重，引发案例中家长严重的焦虑情绪。面对如此焦虑的家长，教师在"临场应变"中应保持冷静与理智，暂时缓解家长的焦虑情绪：

（1）**保持冷静，处理现场**。当焦虑的家长控制不住情绪时，教师要冷静应对，把握住现场的情况，千万不能因为家长的不冷静让幼儿的安全和健康受到影响。安全和健康包括心理和生理两个方面。小帅奶奶的粗暴行为，不仅对小帅的心理造成不安全感，还会对周围胆小的幼儿心理造成不良影响。教师立即将小帅和奶奶带离现场的做法是正确的。如果教师能进一步对班里的幼儿进行一些心理方面的疏导，比如：运用游戏的方式，让幼儿进入另一个愉快的情境中，能帮助幼儿消除不安全感。

（2）**理智疏导，潜移默化**。教师高度的理智是帮助家长缓解焦虑情绪的前提。小帅推人的确做得不对，如果教师和小帅奶奶一样，不问青红皂白就批评他，显然对改进小帅的行为起不到有效的帮助。所以，教师在平息家长心情的基础上，理智地问清楚缘由，让幼儿认识到自己行为引起的不良后果以及如何弥补，效果一定会大于单纯的批评。教师在与幼儿进行沟通的过程中，也在潜移默化地为家长起到示范作用。这种示范比教给家长方法更有效。家长在旁观的过程中，可以感受到教师对幼儿的尊重、爱与教育，会对教师肃然起敬。

（3）**达成共识，耐心等待**。教育的责任是教师与家长共同担负的。幼儿的不良行为是受到很多因素影响才形成的，持续的时间也不一定会很久。因此，教师和家长要根据幼儿的年龄特点，对幼儿的教育达成共识，采用的方式要一致并经常保持沟通。教师要坚决制止家长因焦虑而采取的粗暴和不尊重幼儿的行为，并让家长了解这些行为可能会造成的不良后果。幼儿的成长需要时间、空间，教师和家长要给幼儿成长和完善的时间，耐心等待，用爱与平等的教育方式去改善幼儿的不良行为。

54. 沟通与弥补
——当不认同搭班教师的行为时

情景再现

这天下午，虽然不用我当班，可我还是留在教室旁的备课室，准备一些明天要用的教具。不知不觉，放学时间到了。小张老师和保育员魏老师在组织孩子们放学。家长陆陆续续来接孩子了，外面教室的声音变得轻了，估计孩子们也走得差不多了。这时，小张老师和魏老师在和咪咪妈妈聊天的声音传过来。咪咪妈妈问："我们家咪咪今天中午吃饭吃得怎么样，吃完了吗？"小张老师说："吃完了，咪咪挺乖的。"咪咪今天中午没有吃完啊，小张老师怎么能这样和咪咪妈妈说呢？

临场应变

我觉得必须告诉咪咪妈妈实情。但转念一想，这样做她们两个会不高兴的，是不是会引起矛盾呀？我于是想了一个比较巧妙的方法。我起身走出备课室，决定先从咪咪这边着手。我对咪咪说："咪咪啊，妈妈来接了吧，你看，妈妈在问老师你中午饭吃完了吗？"咪咪看看我没有回答。咪咪妈妈看到我很高兴地和我打招呼。我又说："咪咪，你看小张老师多喜欢你啊！她经常喂你吃饭，对吗？"咪咪害羞地低下了头。咪咪妈妈回头对小张老师说："谢谢你，小张老师，对我们家咪咪这么好！"我又说："不过，如果咪咪明天把饭都吃完，一点儿都不剩，那就更好了，小张老师会奖励你一个大大的五角星的，小张老师，是不是呀？"小张老师也附和说："是的，是的，咪咪今天还有一些饭没吃完，明天一定会自己吃完的吧？"咪咪一听有大大的五角星，高兴得眼睛眯得像条缝。咪咪妈妈也高兴地说："对呀，我们咪咪明天一定要吃完一碗饭，妈妈也会奖励你的。"母女俩高兴地走了。

我看孩子们都被接完了，就和小张老师聊了起来。小张老师有点难为情地说："冯老师，今天中午是你喂咪咪的，你怎么说是我呀？"我说："我是在里面听到你和咪咪妈妈的谈话了，咪咪明明没有吃完，你却说她吃得很好，为什么不实事求是地告诉她的妈妈呢？"小张老师说："我是怕咪咪妈妈又怪我们没让咪咪吃好……"我说："咪咪吃饭不好是事实，我们做老师的不应该对家长隐瞒，而是应该把事实告诉家长，再和家长商量如何帮助孩子改善这个问题。如果家长回去问孩子，孩子告诉妈妈把饭倒掉了，那咪咪妈妈会不信任我们的。"小张老师听了我的话，脸都红了。

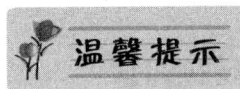
温馨提示

在班级工作中,与搭班同事建立起一种和谐、一致的教育理念,班级工作也会开展得很顺利。当对搭班教师的行为不认同时,不能一味地指责对方做的如何不正确,更不能在家长面前拆对方的台。上述事件中,当我发现搭班老师对家长反映的情况不真实时,不仅及时介入了,而且运用非常巧妙的方式让家长了解了孩子的真实情况,也暗示了搭班老师不正确的做法。过后,还详尽地和搭班老师分析了利与弊,言语既诚恳又有说服力。

因此,当我们在工作中与搭班老师有分歧时,应该这样做:

(1) **及时介入**。发现问题的当下要及时介入,及时介入有助于教师当场发现问题、解决问题,对达成理念的一致性更具有现实感和说服力。

(2) **关注团队和谐**。一个和谐的团队需要教师做好互相补台的工作。当发现对方有问题时,要从补台的角度出发来协调解决问题,同时要考虑当事人的心情,委婉甚至借助一些语言技巧来处理好分歧。这样的做法才能让团队成员保持和谐一致,互相信任。

(3) **要善于及时沟通**。及时沟通能聚焦当下的问题,但要注意就事论事,避免以事对人,更不能对别人的价值观妄下论断,要尊重他人,抱着解决问题、把班级工作做得更好为目的去沟通,让分歧减小或消失。

幼儿教师临场应变技巧60例

55. 倾听与化解
——当家长要向园长投诉搭班教师时

> 情景再现

早上,泽泽妈妈把泽泽送到班上,一脸的不开心。我和泽泽问好后,关切地问泽泽妈妈说:"泽泽妈妈,有什么不开心的事吗?"我和泽泽妈妈已经有了三年的交往,她对我还是蛮信任的,这样问她倒也不见外。没想到泽泽妈妈却对着我倒起了一肚子苦水:"这个学期,你们班新来的李老师说我们泽泽胆子小,没有男孩子的阳刚之气;说泽泽有点娘娘腔……原来的老师和你从来没有这样说过我们家泽泽,我看这个李老师就是不喜欢我们泽泽,我真的很生气,我要去园长那里反映……"泽泽妈妈一边说一边很伤心地流下眼泪。

> 临场应变

家长对教师有意见,想去园长那里投诉,说明家长的情绪已经积压到一定程度。但据我了解,李老师不是这样的人,她们之间会不会有什么误会?作为搭班教师,我有责任做好协调工作。我连忙请保育员帮忙照顾一下刚来的几个小朋友,然后把泽泽妈妈带到了孩子的寝室,给她倒了一杯水,请她坐下后说:"泽泽妈妈,你的心情我很理解。泽泽的爸爸很忙,你又要上班又要接送泽泽,以前我们在沟通的时候,也谈到过泽泽的性格,现在他和小班时相比，已经有很大的进步了。你先别急着到园长那里去投诉。虽然李老师到我们班上不久，对泽泽不太了解，但孩子们都很喜欢她，她也很喜欢孩子。平时，我看她对泽泽也是很关心的。"泽泽妈妈听了我的这一番话，将信将疑地说："真的吗？你看到李老师对泽泽很好？"我肯定地点点头说："是的，上课的时候，李老师经常请泽泽发言；泽泽中午睡不着，都是她陪在他边上。李老师是一个心直口快的人，你有什么想法不妨和李老师坐下来聊一聊。我想，你们两个人的误会一定会解除的。"我又说："泽泽平时是有一点内向，胆小。我们希望泽泽在自己的个性基础上，能再大胆一些。"泽泽妈妈说："是的，我也意识到这一点了，泽泽爸爸工作忙，平时不太有时间管他，我现在已经和他爸爸商量过了，让他爸爸每周抽出一天的时间来和他一起运动。""你做得很好呀！"我用鼓励的语气对泽泽妈妈说："你做得很好，男孩子要让爸爸多带带。要不要我帮你和李老师约时间谈谈？"泽泽妈妈连忙笑着说："不要不要，我自己会去和李老师谈的。"望着泽泽妈妈高兴离去的背影，我长长地舒了一口气。

温馨提示

当家长要去园长那里投诉搭班教师时，班里的其他教师有责任协调他们之间的关系，帮助家长消除心中的疑虑。矛盾往往是因信息不对称或误解而产生的。疼爱孩子、怕孩子吃亏、担心老师没有善待孩子……这一切都说明家长与教师之间没有建立信任感。这种问题往往会发生在新教师或是中途插班的教师身上。无论是当事教师还是其他教师，面对这类家长，切忌激化家长的不良情绪，而是应该想办法稳定家长的情绪，以平和的心态与之交

流对话，化解矛盾。

（1）**将家长带离幼儿的视听范围**。当家长提出要到园长那里投诉时，情绪一定非常激动，如果此时幼儿在场，会对幼儿产生不良影响。尤其该家长的孩子，如果听到家长对教师的种种"不满"，会引起幼儿情绪的不稳定或自卑感，造成心理阴影。因此，教师要尽快将家长带离幼儿的视听范围。此外，教室现场容易使家长触景生情，产生种种联想，引起更大的情绪波动，所以要将家长带离教室。

（2）**稳定家长的情绪**。家长有意见时，有的可能确实目睹过孩子受委屈的场景，有的可能因某一句话产生联想，还有的会与自己的生活经历相联系，进而表现得很愤怒。教师可以通过请家长就坐、为家长端茶，平复家长的情绪。

（3）**倾听家长诉说，迅速判断**。想要投诉的家长一定会有一肚子的话要说，有时候他们并非想通过投诉来解决什么问题，而只是想找寻倾诉的对象。这种情况下，教师务必要以非常认同的态度来聆听家长的倾诉，并以"哦"、"嗯"、"是这样"等接纳性的语言来表现出对家长的理解。切忌打断家长的诉说或多次提问、反问而影响家长倾诉的情绪。在倾听的过程中，教师要迅速判断家长的问题，并考虑回应的对策。

（4）**在认同的基础上，帮助家长分析问题**。教师要站在家长的角度换位思考，认同家长反映的问题。这样做，能极大地帮助家长做好情绪管理。在此基础上，教师争取运用具体事例加以说明，消除家长的困惑。上面事件中，我通过运用所看到的具体事实，告诉家长李老师是如何关爱孩子的，从而消除家长的疑虑。教师要切忌说空话、大话，如老师很喜欢你的孩子、真的很喜欢等。此时的家长是感性的，只有感性的分析才能帮助家长建立信任。每个人的价值判断是不同的,教师与家长思考问题的角度不同,会造成不同的价值判断。因此,教师要认同家长就必须站在家长的角度思考问题。

(5) 遇到家长投诉时,切忌以下方面:

- 不闻不问。当家长提出要投诉时,有的教师表现出不闻不问的样子;有的会觉得反正不是投诉我,还有的会认为我没有做错,随他去等。家长可能原意是求助的心理,而教师不闻不问的态度会让家长有一种被冷落和忽视的感受。
- 火上浇油。有的教师听说家长要去投诉,反应会变得很激动,甚至会说:"你要去就去好了"之类的话,这种做法不仅不能平息家长的怒火,反而火上浇油。
- 无原则妥协。教师与家长是幼儿的共同教育者,应该是平等、协作的关系。在协作过程中,发生矛盾是不可避免的。对待家长的无理取闹,教师应该有礼有节。以事实为依据,晓之以理,动之以情,把握好原则,不能因为害怕家长投诉,就做无原则的妥协。

56. 克制与寻求帮助
——当同事因为误会谩骂不止时

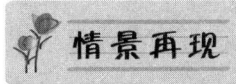

中午,大家都坐在备课室里,有的老师在看书,有的老师在

备课。突然,李老师气冲冲地走进来,说:"大家听我说一件事情。"大家的注意力一下子被她吸引了,都问:"什么事呀?"李老师走到我面前,谩骂道:"我现在终于认识你了,你是一个怎么样的人。你是一个小人、一个无耻的人……"大家都愣住了。

临场应变

看着眼前骂骂咧咧的李老师,我傻眼了!怎么回事,李老师为什么要这样无端地骂我,我的脑海里迅速回忆这两天发生的每一件事情,似乎没有什么问题呀。李老师谩骂已经涉及人身攻击了,如果我和她争执、对骂的话,就让我从受害者变成了吵架的人。我想不如冷静地听听她究竟想说什么。于是,我镇静地看着她,以最大的耐心克制住自己的情绪,任凭她歇斯底里地发作。大约过了10分钟,她开始放慢了语速……我没有解释,安静地起身走出了备课室,来到园长室找到园长,在看到园长的一刹那,我委屈的眼泪忍不住落了下来。我把刚才的情形一五一十地告诉了园长,园长也很气愤,并表示一定有什么误会存在,会找李老师谈话,批评李老师的做法。

温馨提示

人与人之间偶尔会产生一些误会,误会产生的原因有以下几个:一是对方不了解真实情况或不了解事情的来龙去脉,只看到表面现象或对某些传言信以为真。二是可能存在偏见或成见。在信息交流或人际沟通中,不根据客观资料,习惯于以自己为准则,对不利于自己的信息要么视而不见,要么熟视无睹,甚至颠倒黑白，用自以为是的片断信息把思考的空隙填满。当教师心情不好的时候，什么也听不进去，什么也看不进去。如果这个时候进行沟通，效果就会受到影响。这时，被误会的教师就要控制好自己的情绪，不回应，冷静地面对这种局面。当同事之间产生误会并升级到如同案例中的情形时，我们可以从以下几个方面来应对：

（1）**反思自己**，是否有做的不恰当或错误的地方。当人的内心需要发泄愤怒时，一定是遇到了什么特殊事件，而事件的另一方也许是无意的，从而产生误会。因此，反思自己的行为非常重要。

（2）**适时回避**。有时候回避会避免双方受到更深的伤害，回避不一定代表你的懦弱或者有错，而是体现了你内心的强大与宽容，正确与否并不一定由你说了算，但周围的人是最能明辨是非的。

（3）**寻求适当的帮助**。在工作中遇到的问题，教师寻求领导的帮助与支持是最重要的。以事实为根据是解决问题的根本。如果遇到胡搅蛮缠的人，那就更不用去理会了。

（4）**真诚相对**。如果真正是由于误会引起，那就不会有解决不了的问题。与其他教师心平气和地坐下来交流，说出自己的想法，只要你真诚地沟通，把事情的来龙去脉说清楚，就一定会达成共识，获得认可。

57. 私下沟通
——因不赞同领导的决定与领导发生冲突时

情景再现

教研会议上，园长在布置新学期的工作，提出要增加幼儿的户外活动时间，每天在晨间、上午、中午三个时间段安排孩子们参加户外锻炼。我觉得一点都不现实，半天要安排这么多次的户外活动，其他活动怎么办？于是，我对园长说："园长，我认为半天安排三次户外锻炼不现实，孩子们的其他活动会来不及的。"园长有些不耐烦地说："怎么会来不及，你可以合理安排一下。"

临场应变

园长非常要面子，让她当着这么多下属的面，随意改变自己的决定，她一定认为自己的权威受到了挑战。再说，园长这样的决定也一定有她的道理，应该也是为了孩子好。我想，还是会后再和园长沟通比较好。于是，我不做声了。会后，我又找到园长，说出了我的想法。从带班教师的角度，我把半日活动的安排详细地进行了分析，并再三表示自己的观点：不是要反对园长的做法，而是想把工作做得更好，为了幼儿园和孩子着想。

在交流的过程中，我还很抱歉地告诉园长：由于自己的性格比较着急，遇到问题总是想快快解决，所以在会上不假思索就提出了反对意见，这个做法是有欠考虑的。园长也是非常诚恳地对我说:"我也是没有控制好自己的情绪,其实我们的出发点是一致的,都是为了孩子好,现在区里在抓一日活动中的运动,我发现我们原来的运动量确实有点少,所以才想让各班加强的,你的意见我会考虑,也很谢谢你能大胆地提出来,正如你自己所说,提的方式可以再考虑一下。"虽然我的意见暂时还没有被园长采纳,但我的心情还是很好的。

温馨提示

上级与下级之间难免会出现矛盾和分歧,遇到领导处理问题不当时,下属要保持冷静和克制,学会理解领导,顾全大局。

和领导发生冲突并不是一件坏事,教育家杜威曾说过:冲突是思考的翅膀。冲突能让我们从新的角度来检讨和改善自己。当我们与领导发生冲突时:

(1)**应控制自己的情绪**。发生矛盾冲突时,容易产生不冷静或偏激的情绪,不利于工作的进展。应心平气和地交流,设身处地为别人着想,不能得理不饶人,更不能无理取闹。

(2)**冷处理和私下沟通**。对待冲突,要尽量求大同存小异,非常紧急的情况下,一旦说不通,就暂缓一下,可以过后或适当的时候再提出来。自己一时受了委屈,也不必着急和激动,必须在这种关键时刻向众人显示出风度和忍耐,这关系到一个人的品行、素养。

(3)**换位思考**。在观察处理问题时,应该把自己放在对方的角度,进行再认识、再把握,以便得到更准确的判断,说出来的话才能说到别人的心窝里,才能"化干戈为玉帛"。

58. 主动沟通
——当领导交办的工作不能完成时

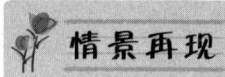

中午,王园长把我叫到办公室,说:"小冯,你去把上个学期市里全面评估我们工作后的整改方案写一下。这里有一张整改的要求,拿去看看。"于是,我拿着整改要求回到办公室,仔细阅读,发现整改要求上的问题都是提纲挈领的大方向,看不出具体是哪些方面需要整改,而且上学期的评估会议我也没有参加,一头雾水的我不知道该从何写起。

临场应变

我是否应该马上去向园长问清楚呢?如果我去了,会不会影响园长的工作,园长会不会认为我这个人悟性差。反复纠结中,我还是决定去和园长进一步沟通,了解具体的要求。我走进园长办公室,谦虚地说:"王园长,我刚才看过整改要求了,上面没有写清楚具体整改的内容,都是一些空泛的问题,看上去所有的方面都要改,不知道我的理解对不对?"

园长又看了整改要求后说:"是哦。记得上次会议上各个部分都有一些具体的问题的,整改要求上没有看到。"我又说:"王园长,我也这样觉得,既然是整改,一定会有一些具体的问题,上次的会议我没有参加,不是很清楚市里的专家提出了哪一些不足,所以很难写清楚。"园长若有所思地沉默了一会儿,说:"这样吧,我请那天参加过会议的几位分管领导一起过来,我们几个人对照这整改要求和上学期的记录,商议一下,你来做记录。这样会比较明确。"完了,园长还表扬说:"小冯,你很仔细认真,有时候我们工作忙了,顾不过来,你能主动提出来,可以避免写不清楚或达不到要求。"听了园长这番话,我彻底放心了。

温馨提示

虽然我们很想出色地完成领导交办的任务,可是由于这样那样的原因不能很好地完成时,应该怎么做呢?回顾案例中教师的适宜做法,可以梳理出以下几个步骤,帮助我们有效完成任务:

(1) **记录5个"W"**。当我们接受领导布置的任务时,做好以下五个方面的记录:

- What:指要做什么。
- When:指要什么时候完成。
- Where:指各项活动发生的地点。
- Who:指完成工作要接触或关联到的人。
- Why:指做这件事的理由、目的或根据。

(2) **现场提出疑惑**。在接受领导交办的工作时,要是有疑惑的地方,最好问清楚,如果误解了领导的意图,后续的工作必然徒劳无功。通常情况下,你要让领导把话说完,再提出问题,这里有三个方法可以帮助你。

- 复述法,指当领导交办完工作后,你可以把自己记录的内容复述一遍,以便领导能够当面指出你的理解偏差。
- 请教法,指当你未能理解领导的意图时,可以虚心地请

领导再次给予讲解。

● 例证法，指为了验证你对领导意图的理解准确与否，可以假设情况，然后具体说明你打算采取什么行动，请领导当场反馈你的做法是否符合其意图。

59. 婉转解释，消除误会
—— 当领导不信任自己时

情景再现

今天的教育局会议上午10:40就结束了，我驱车赶回分园。看看时间还早，临时决定去教科所拿分园的科研获奖证书，想着省得来回跑。刚从教科所出来，就接到了分园同事的电话，她说："冯老师，你怎么还没有回到分园呀，领导打电话来问我，你回来了没有，说会议早就结束了。还问我你以前出去开会，是不是也经常很晚回去。"我的心"咯噔"了一下。出来的时候我是没有告诉园长要去拿证书的事情，因为时间来得及，临时决定的。

临场应变

我感觉到园长对自己不信任，可她又不直接来问我，总是拐弯抹角地去问别人。我很委屈，其实自己并是不那种会偷懒或会耍小心眼儿的人，如果有私事要离开一会儿，每次都是和园长请假。园长为什么要不信任我呢？想了好半天，回忆起上次我开完会后，顺便去了一趟市场，购买分园老师需要的材料，回去晚了，园长刚好打电话去分园，有事找我，发现我不在。会不会是这个原因？今天，我要不要向园长做解释呢？索性置之不理吧。反正日久见人心，时间久了，园长会明白我是一个怎样的人。可转眼一想，如果园长经常这样不信任我，也不是回事呀，不利工作开展。于是，还是决定给园长打电话说明。

我装作什么也不知道的样子，给园长打电话说："园长，刚才我从幼儿园出来，去了一趟教科所，拿到了我们分园前些日子在区里获奖的证书，获得了一个一等奖、一个三等奖。分园还从来没有获得这么高的荣誉，真的很高兴。所以也想立刻把好消息告诉你。等一会儿到分园，我把荣誉证书拍成照传给你。"园长听到这个好消息，也很高兴，说："不要传给我了，下次过来的时候直接带过来。你辛苦了，分园的教科研取得了这么多的成绩。"

温馨提醒

在职场中，领导和下属的信任应该是互相的。一个能赢得领导信任的下属一定是真诚的、坦率的，会自我约束的人。如果出现领导不信任下属的情况，原因不外以下几个方面：下属对领导交办的任务不能出色完成；下属与领导沟通不够畅通；领导对下属存在误会；下属在公众场合不维护领导的形象；领导的度量小，总是疑神疑鬼，怀疑别人。但无论是哪一种情况，作为下属，要做好以下几个方面的工作：

（1）发现有误会时要及时沟通解释，并注意沟通的方式。既

让领导知道事情的原委,又顾及领导的面子。如果遇到的领导比较细心,要及时向领导汇报工作时间和动向。

(2)**爽快接受领导的任务**。接受领导布置的工作时,不要讨价还价,要爽快地答应。如果有合理化的建议,不一定要当场说出,可以回去考虑后再和领导沟通汇报。

(3)**及时汇报工作进度**。在完成领导交办任务的过程中,要经常向领导汇报任务进展的过程,征求领导的意见,让领导了解是否有困难,解决的情况。通过汇报,让领导对你所承担的任务心中有数,而不是石沉大海。

(4)**公众场合,要维护领导的形象**。不能对领导冷嘲热讽,更不要公开反对,要站在领导的立场考虑问题,设身处地为他人着想。

(5)**对工作负责**。对工作,教师要有高度的责任心,追求完美、追求卓越,把自己的责任心体现出来。不能中途撂挑子,也不能仓促完成以应付领导。

60. 分工与提醒
——当搭班的同事逃避自己的工作时

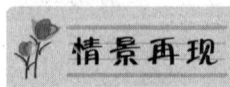

中午,园长来班里检查每月书写的幼儿成长档案,发现很多孩子的档案没有写好。于是,批评了我:"你是班主任,全面负责班级工作,今天已经月底了,要把档案本给孩子带回家。可你们班还有这么多的本子没有写,是怎么回事?"我连忙说:"我都写了,我和小燕老师每人重点观察一半的孩子,还有一半是小燕老师写的。"园长说:"你是师傅,又是班主任,你有责任提醒小燕老师呀。"面对园长的批评,我真是有苦说不出,因为,我提醒过小燕老师不止一次了。

临场应变

我本可以在园长面前倾诉,告小燕老师的状,但考虑到小燕老师刚工作一年,又是这个学期刚到我班,没有经验,还是应该要宽容一些,也避免同事间因此产生嫌隙。可是,小燕老师已经不止一次逃避工作了。我怎样才能帮助她改掉这个毛病呢?我决定首先和小燕老师谈谈。不一会儿,小燕老师哼着小曲儿走进教室,一副没事儿人的样子,很高兴地对我说:"嘿,冯老师,我买巧克力了,吃不吃?"我故作严肃地对她说:"园长来过了,检查了我们班的幼儿成长册,你的那部分没有写,被园长批评了。"小燕一听说被园长批评了,立刻紧张起来,问:"那怎么办啊?要扣分的,学期结束还要扣奖金。"见她认识到重要性了,我对她说:"我已经替你把责任承担下来了。园长也决定不处罚你了。但是,今天我想和你好好谈谈。以前,你没写档案,我有空时就帮你写了。不过,我不是每次都有时间帮你忙的,你瞧这次不就出纰漏了。自己的工作还是要认真完成的。你这几次总是逃避这个工作,有什么原因能跟我说说吗?"小燕听了我的这番话,红着脸说:"冯老师,我觉得实在写不出什么东西啊,小孩子就这个样子,每天玩玩游戏、上上课,我看都差不多的,还要抓住每个孩子的特点写,让我怎么写呀?"看来,她是不会写才逃避的。

了解清楚原因后，我理解地对她说："你的这种情况，我刚工作时也遇到过。但是，只要做一个有心的老师，多观察、多记录，就一定能了解孩子。而且，我也很乐意帮助你，有不会的可以问我，咱们多交流。"小燕老师感动地点点头。

随后，我调整了工作策略。剩下的一半幼儿成长册，我负责写1/2，小燕老师负责1/2。我一一将她负责的这几个孩子的情况与她进行讨论，帮她分析这些孩子的个性特点，让她进一步了解这些孩子，并指导她如何记录。在我的帮助下，小燕老师的业务能力慢慢得到了提高。

温馨提示

搭班教师逃避自己工作的情况时有发生。遇到这个问题时，我们要分析清楚同事逃避工作责任的原因。一般情况下，逃避工作的原因有以下几种：一是自身能力达不到所要求的标准而不能完成工作；二是可能与同事有矛盾，故意逃避；三是自身懒惰个性使然。幼儿园教师职业非同一般，是动态与静态相结合的工作。和幼儿在一起是动态的，随时有新情况新问题；一些常规工作则是静态的，有相应的时间要求，有些工作还要面向家长。因此，遇到搭班教师逃避工作时，要仔细分析其中的缘由。案例中的小燕老师逃避原因是自身能力达不到要求的标准而产生畏缩情绪。面对这类教师，我们应该：

（1）应该宽容对待。年轻教师的成长需要一定的时间，允许他们在工作中出现不成熟的情况或失误。遇到他们逃避工作的情况要宽容对待，不能因为几件事情没有做好就打击他们对职业的热情和工作的积极性。

（2）**晓之以理**。幼儿教育要求我们教师有爱心、有耐心，具有观察了解孩子的能力。年轻教师刚踏上工作岗位，理论和实践的脱节使他们不能顺利胜任岗位要求。因此，我们应该抓住事件发生的当下，及时沟通，让他们明白幼儿教师这个职业的要求。

（3）**制定阶段要求**。通过制定阶段要求，让搭班教师明确工作要求和做法，及时帮助他们检查分析阶段工作完成的情况，开展自我反思与督促。

如果搭班教师是因为和其他教师有矛盾或者懒惰而消极怠工，逃避工作，我们可以通过沟通、了解、分工明确、自主完成等方式进行调节，即让逃避工作的教师明确自己的工作职责以及班级工作的分工。情况严重时，我们有必要向园长汇报班级中发生的矛盾与问题，通过管理的方式督促搭班教师及时完成自己的工作。